Peter Burtzik · Dienst- und Gebrauchshunde

Herausgegeben unter dem Patronat
des Verbandes für das Deutsche
Hundewesen e.V., 4600 Dortmund

Peter Burtzik

Dienst- und Gebrauchshunde

3., überarbeitete Auflage
Mit 31 Abbildungen, davon 8 farbig

Verlag Paul Parey · Hamburg und Berlin

Weitere Bände in der Reihe „Dein Hund“

Der Afghane · Airedaleterrier · Der Basset · Der Beagle · Bearded Collie · Berner Sennenhunde · Bernhardiner · Der Bobtail · Bouvier des Flandres · Der Boxer · Der Bullterrier · Der Cairn Terrier · Der Chihuahua · Der Chow-Chow · Collie und Sheltie · Der Dackel · Der Dalmatiner · Der Dobermann · Die Dogge · Der Foxterrier · Golden und Labrador Retriever · Greyhound · Große Münsterländer · Der Hovawart · Der Kromfohrländer · Der Leonberger · Mischlingshunde · Der Mops · Neufundländer · Der Pekingese · Pinscher und Schnauzer · Der Pudel · Der Riesenschnauzer · Der Rottweiler · Der Deutsche Schäferhund · Schlittenhunde · Setter und Pointer · Der Spaniel · Der Spitz · Terrier · Ungarische Hirtenhunde · West Highland White Terrier · Der Yorkshire Terrier · Dein Hund auf Ausstellungen · Dein Hund im Recht

CIP-Kurztitelaufnahme der Deutschen Bibliothek

Burtzik, Peter:
Dienst- und Gebrauchshunde / Peter Burtzik. – 3., überarb. Aufl. – Hamburg ; Berlin : Parey, 1991
(Dein Hund)
ISBN 3-490-36812-6

Anschriften: Spitalerstraße 12, D-2000 Hamburg 1; Seelbuschring 9–17, D-1000 Berlin 42; Bundesrepublik Deutschland
Satz: Westholsteinische Verlagsdruckerei Boyens & Co., Heide/Holst.
Druck: Druck- + Verlagshaus Wienand, Köln
Umschlaggestaltung: Evelyn Fischer, Hamburg
Printed in Germany
ISBN 3-490-36812-6

Vorwort

Das Dienst- und Gebrauchshundewesen hat in Deutschland eine lange und gute Tradition. Unter den anerkannten Gebrauchshunderassen sind die weltweit bedeutendsten unter ihnen deutschen Ursprungs, und auch in der Fachliteratur über diesen Zweig der Kynologie haben deutsche Autoren Maßstäbe gesetzt.

Angesichts der allgemeinen Diskussion um Gebrauchshunderassen und ihre Ausbildung erscheint es besonders verdienstvoll, daß ein so angesehener Kynologe wie Peter Burtzik, der über drei Jahrzehnte als Leiter einer staatlichen Polizeihundeschule Pflicht und Neigung ideal verbinden konnte, sein schon zu einem Standardwerk gewordenes Buch „Dienst- und Gebrauchshunde" neu bearbeitet hat. Als besonders hilfreich erweist sich dabei die auf gesicherten Erfahrungen beruhende Darstellung der Eigentümlichkeiten aller wichtigen Gebrauchshunderassen, deren Kenntnis dazu verhelfen soll, die individuellen Besonderheiten jedes einzelnen Hundes noch besser zu erfassen.

Nicht ohne Grund werden die beeindruckendsten Leistungen im Dienst- und Gebrauchshundewesen mit Rassehunden erzielt – mit Hunden solcher Rassen nämlich, deren vom Standard geforderte und durch sorgfältige Zuchtwahl geförderte Merkmale sie in besonderer Weise für den beabsichtigten Einsatz befähigen.

Gleichermaßen wichtig für den Ausbildungserfolg sind indessen qualifizierte Hundehalter und -führer mit soliden Kenntnissen erfolgversprechender und artgerechter Erziehungs- und Ausbildungsmethoden, denn auch der bestveranlagte Hund wird ohne Anleitung nicht zum zuverlässigen Gebrauchshund.

Peter Burtzik kann mit diesem Buch dazu beitragen, den Kreis derer zu vergrößern, die „ihren" Gebrauchshund sachkundig auszuwählen und ihn einfühlsam, liebevoll und konsequent auszubilden in der Lage sind.

Dr. Wilfried Peper

Vorbemerkungen zur 3. Auflage

Unser Hund verpflichtet! Er ist Gefährte und Freund des Menschen und ein angenehmes und geselliges Haustier! Es ist aber nicht damit getan, daß der Mensch dem Hund nur „Wohnung“ und „Nahrung“ gibt und ihn im übrigen als lebendiges Spielzeug und zum Zeitvertreib betrachtet. Mit dem Hund, den ich in meinen Haushalt – in meinem Rudel – aufnehme, habe ich eine Verantwortung für ein Lebewesen übernommen. Tierhaltung verpflichtet, und wer Tiere hält, muß auch zu ihrer Betreuung bereit sein. Dies gilt ganz besonders für den Hund, diesem von der Veranlagung her geselligen Tier! Hunde sind aus dem Leben des Menschen ja auch nicht mehr wegzudenken. Gerade in letzter Zeit nimmt die Beschäftigung mit Hunden in der Freizeit zu. Leider nicht immer zu deren Vorteil.

Heute finden bei sachkundiger Behandlung, Erziehung und Ausbildung ihres Hundes viele Hundefreunde Erholung und Entspannung. Acht Rassen haben sich im Laufe der Zeit sogar für dienstliche Aufgaben der Behörden, aber auch für besondere Aufgaben im Privatbereich herauskristallisiert.

Die 3. Auflage des vorliegenden Buches soll die Verwendungsmöglichkeiten der acht Rassen aufzeigen und Entscheidungshilfen bei einem evtl. Kauf aufzeigen. Nicht mehr und nicht weniger. Mit dem Wohlergehen des Menschen steht und fällt der Wert eines Dienst- und Gebrauchshundes. Je schlechter die Zeiten, desto höher ist dieser Wert.

In meiner langjährigen Praxis seit 1949, ab 1956 als Leiter einer staatlichen Hundeschule, habe ich viele Vertreter der Dienst- und Gebrauchshunderassen kennengelernt. Diese Rassen sind zwar in sich unterschiedlich, doch haben sie eines gemeinsam: Sie sind so gut durchgezüchtet, daß sie zum Nutzen des Menschen Verwendung finden können.

Als ehemaliger Vertreter einer Behörde will ich gerade jenen Vereinen danken, die sich mit der Zucht der Gebrauchshunderassen befassen. Immer wieder gelingt es ihnen, den hohen Leistungsstand zu halten und zu verbessern. Nur mit Hilfe dieser Vereine sind die Behörden überhaupt noch in der Lage, die benötigten Hunde für den Diensteinsatz zu bekommen. Schließlich danke ich den Rassezuchtvereinen für ihre freundliche Unterstützung, genau wie dem Verlag Paul Parey, der sich die Neuauflage meines Buches angelegen sein ließ.

Wilhelmshaven, im Frühjahr 1991 Peter Burtzik

Inhalt

Ein Hund soll ins Haus

Der Entschluß ist gefaßt, ein Hund soll ins Haus! Ein Hund von einer Rasse, die auch bei den Behörden, sei es Polizei, Zoll oder Bundesgrenzschutz, Verwendung findet.

Drum prüfe, wer sich lange bindet! Von einer Lebenserwartung von 10 bis 12 Jahren muß ausgegangen werden. Auch das Umfeld muß stimmen. Sind die Mindestvoraussetzungen für eine tier- und rassegerechte Haltung gegeben? Macht die Familie mit, und bin ich als Verantwortlicher für ein Lebewesen zu Opfern bereit? Bin ich auch bereit, dafür zu sorgen, daß der neue Hausgenosse richtig erzogen und ausgebildet wird?

Wir wissen doch alle, die Verhältnisse, unter denen der Hund in der Gemeinschaft mit dem Menschen lebt, haben sich in den letzten Jahren sehr verändert. Mußten früher die meisten Hunde am Haus, also an der Kette oder im Stall, ihr Leben fristen, so ist es heute – Gott sei Dank – anders. Die Mehrzahl der Hunde wird im Haus, also in der Wohnung oder in einem geräumigen Zwinger gehalten. Durch diese Wandlung der Hundehaltung hat die Bedeutung der Erziehung und Ausbildung an Wert gewonnen.

Jeder Besitzer eines Hundes einer Dienst-/Gebrauchshunderasse muß als Mindestziel das Ablegen der Begleithundeprüfung anstreben. Die Vereine der AZG (Arbeitsgemeinschaft der Zucht- und Gebrauchshundeverbände, s. S. 94) helfen gerne.

Herkunft und Abstammung des Hundes

Nur der Hundebesitzer, der das Wichtigste über Herkunft und Abstammung des Hundes kennt, kann ihn richtig verstehen, seine Handlungen und sein Wesen deuten und ihn entsprechend behandeln.

Die Domestikation von Wildtieren ist eine große Leistung des Menschen. Die Wissenschaft war lange Zeit der Ansicht, daß der Hund das älteste Haustier sei. Man hat aber inzwischen nachgewiesen, daß andere Tierarten früher als der Hund domestiziert wurden. Aufgrund von Knochenfunden aus frühen menschlichen Siedlungen, die vor allem im Bereich des östlichen Mittelmeeres ausgegraben wurden, muß der Mensch schon vor acht- bis neuntausend Jahren begonnen haben, Tiere an sich zu gewöhnen.

Die Wissenschaft ist der Meinung, daß zuerst Wildformen von Rindern, dann von Ziegen und Schweinen domestiziert, also zu Haustieren gemacht wurden. Etwa zur gleichen Zeit hat der Mensch aber auch begonnen, Wölfe an sich zu gewöhnen.

Durch diesen Vorgang, den wir Domestikation nennen, wurden die Tiere dazu gebracht, unter neuen Bedingungen zu leben. Unter diesen veränderten Verhältnissen haben sich die Haustiere im Laufe vieler Generationen gegenüber ihren wilden Stammarten stark verändert. Es hat sich eine Formenmannigfaltigkeit innerhalb einer Haustierart ergeben, die viel größer ist als die in der dazugehörigen Wildart. Fände man einen Dackel und eine Deutsche Dogge in freier Wildbahn, so würden die beiden wohl von jedem Systematiker verschiedenen Arten zugeordnet. Und wie ist es mit dem Gewicht unseres Haushundes? Es schwankt zwischen einem und 60 Kilogramm. Derartige Größenunterschiede gibt es bei den wildlebenden Tierarten nicht.

Für uns ist wichtig zu wissen, daß jede einzelne Haustierart jeweils auf eine wilde Stammart zurückzuführen ist. Professor Herre, der bekannte Zoologe und Haustierkundler an der Universität Kiel, hat nachgewiesen, daß die Domestikationsveränderungen bei Tierarten parallel auftreten. Besonders bezeichnend dafür ist, daß das Gehirngewicht bei Haustieren um 20 bis 30 Prozent niedriger ist als bei ihren vergleichbaren wilden Artgenossen. So haben zum Beispiel Wölfe eine größere Gehirnmasse als entsprechend große Hunde. Eine besonders starke Verminderung zeigt bei Haustieren das Großgehirn. Das gilt speziell für jene Teile, die mit

Wölfin Maxi im Zwinger des Instituts für Haustierkunde an der Uni Kiel. 1952 wurde Maxi mit einem Königspudel gepaart. Die Welpen wurden als „Puwos" bezeichnet

Sinneszentren in Verbindung stehen. Bezeichnend ist, daß das Hirngewicht wieder in freier Wildbahn lebender Haustiere bald und schon in den ersten Generationen zunimmt, während es bei echten Wildtieren in der Gefangenschaft schnell abnimmt.

Von Haustieren werden viel weniger Sinnesreize aufgenommen als von Wildtieren. Das ist einleuchtend, wenn man bedenkt, daß die Haustiere in Gemeinschaft mit dem Menschen leben und von diesem betreut, gefüttert und geschützt werden. Die Verminderung der Hirnsubstanz ist also ein Einfluß der Zähmung, der Domestikation.

Die wilde Stammart unseres Hundes ist der Wolf. Hunde sind mithin „verkappte" Wölfe. Im Sommer 1952 hat Professor Herre in Kiel versuchsweise einen Pudelrüden mit einer Wölfin gepaart. Dieser Versuch ist gelungen und bestätigte damals schon die gemeinsame Abstammung.

Erst seit etwa einem Jahrhundert betreibt der Mensch in unseren Breiten bei der Zucht eine intensive künstliche Auswahl. In diesem Zusammenhang hören wir immer wieder die Ausdrücke Art und Rasse. Es sind zwei Begriffe, die noch angesprochen werden sollen: Unter Art verstehen wir eine bestimmte, natürlich entstandene Gruppe von Tieren mit ähnlichen Merkmalen, die untereinander fortpflanzungsfähig sind. So z. B. Wolf/Hund. „Art läßt nicht von Art", heißt es im Volksmund; dadurch hält die Natur sich selber sauber!

Gibt es Ausnahmen? Ja, aber wenn, dann nur unter besonderen Bedingungen und nur in einer Generation. Wenn (selten) Kreuzungsprodukte aus zwei verschiedenen Arten entstehen, sind sie nicht fortpflanzungsfähig und werden als Bastarde bezeichnet. Am bekanntesten ist die Kreuzung Pferd/Esel. Das Kreuzungsprodukt nennen wir Maulesel, wenn Pferdehengst und Eselin, bzw. Maultiere, wenn Eselhengst und Pferdestute die Elterntiere sind.

Arten sind veränderlich. Aus ihnen können sich durch bestimmte natürliche Umstände Rassen bilden. Durch vom Menschen gelenkte Züchtung werden die natürlichen Rassen ergänzt. Eine Rasse ist vorhanden, wenn alle äußeren und inneren Merkmale konstant vererbt werden. Gerade der Hund ist sehr veränderungsfähig; es ist verhältnismäßig leicht, eine neue Hunderasse zu züchten. Das wird deutlich durch zur Zeit etwa 400 Hunderassen, die wir kennen.

Und nun noch ein Wort zum Bastard. Wie oft höre ich, daß man zu einem nicht rassereinen Hund „Bastard" sagt. Hier zeigt sich die Unwissenheit des Menschen. Bastarde beim Hund kenne ich nicht, wohl aber „nicht rassereine Hunde".

Das mag genügen, und wir wollen jetzt einen Schritt weiter gehen. Wir müssen es, um unseren Hund besser verstehen zu können. Ich sagte zu Anfang, auf das Verstehen unseres Hundes kommt es an.

Betrachten wir also die Lebensgewohnheiten des Wolfes. Halten wir uns doch vor Augen, welche Anpassungsfähigkeit der Wildhund mitgebracht hat, um sich im Lebensraum der Menschen zurechtzufinden. Wir finden den Hund in den unermeßlichen Weiten des hohen Nordens ebenso wie im tropischen Urwald und im dichtesten Gewühl der Großstadt. So einmalig ist seine Anpassungsfähigkeit, daß er mit Dienstleistungen betraut werden kann, bei deren Verrichtung man annehmen könnte, er habe sein ursprüngliches Wesen vollständig abgelegt. Trotzdem werden wir aber sehen, daß es sich immer um die Ausnutzung von Wesensanlagen handelt, die er von seinen Vorfahren mitbekommen hat.

Zweifellos ist die Anpassungsfähigkeit des Hundes an die Umgebung größer als die des Menschen. Um aber das Wesen des Hundes noch besser kennenzulernen und damit die Grundlage zu einem besseren Verständnis für unseren Begleiter zu schaffen, wollen wir einen Blick in die ursprüngliche Welt des Hundes werfen.

Der Wolf ist ein geselliges Lauftier, das bestimmte Jagdgebiete immer wieder durchstreift und so in einer einzigen Nacht oft 70 bis 80 Kilometer zurücklegt. Und wie ist es mit unserem Hund? Auch unser Hund ist ein Lauftier, und wir als Menschen sollten dies besonders beachten. Wie oft wurde ich von Laien angesprochen und als Tierquäler bezeichnet, wenn meine Lehrgangsteilnehmer mit ihren Diensthunden am Fahrrad zur täglichen Ausbildung fuhren. Wenn ich dann aber nachforschte, mußte ich fast immer zu meinem Bedauern feststellen, daß unsere Kritiker auch Hunde hatten, die sie aber völlig falsch behandeln. Wen wundert es, wenn die Tiere dann schließlich mit einer „Mettwurst auf vier Streichhölzern" zu vergleichen waren. Ich bin der Meinung, hier lag Tierquälerei vor.

Der Wolf kennzeichnet sein Jagd- und Lebensgebiet durch seine Duftmarken, indem er dessen Grenzen mit Urin benetzt. Und wie ist es mit unserem Hund? Auch er begrenzt seinen Bezirk mit seinem „Monogramm", indem er hier oder dort einen Tropfen Urin hinterläßt.

Der Wolf ist ein Rudeltier und lebt in der Gemeinschaft. Der stärkste Wolf ist der Leitwolf. Das ganze Rudel lebt in einer Rangordnung, deren Rangstufen im Lebenskampf erworben und stets erneut behauptet werden müssen.

Je stärker ein Wolf ist, um so höher steht er in der Gemeinschaft. Peinlich achtet der stärkste Wolf, das Leittier, darauf, daß ihm als einzigem die Verpaarung vorbehalten bleibt. Die Natur sorgt also dafür, daß das Beste sich fortpflanzt.

Woher kommen nun diese Leittiere? Die Anlage dazu hat jeder Welpe des Wurfes. Der, der in der Lage ist, gleich die beste Zitze bei der Hündin zu ergattern und sie sich vom ersten Tag an nicht fortnehmen läßt, wächst schneller und ist folglich bei Rangordnungskämpfen im Vorteil. Es bleibt aber der stetige Drang nach vorn erhalten, zunächst im Wurf und später im Rudelverband, bis eines Tages der Kampf um den Posten an der Spitze entbrennt. Wer dabei siegt, wird Leitwolf, bis ein noch Stärkerer auftaucht und ihm den Rang streitig macht oder bis Alter und nachlassende Kräfte ihn im regelmäßig wiederkehrenden Rangordnungskampf seine Spitzenstellung verlieren lassen.

Und wie ist es beim Hund? Auch bei ihm hat im Wurf jeder die Anlagen zur Einordnung, aber auch den Drang zum Leithund; der kräftigste Welpe setzt sich durch, erhält so die Prägung zum Leithund und wird gern gekauft. Nun führt er gewissermaßen ein gemischtes Dasein, er lebt in einem Rudel Mensch/Hund. Zum Rudel gehören alle Familienmitglieder, und da in einem Rudel immer einer der Anführer ist, versucht der Hund seiner Prägung gemäß, diese Stelle zu erobern.

Es kann dann soweit kommen, daß unser „Leithund", etwa im Alter von zwölf Monaten, schon macht, was er will, und nur noch „Herrchen" oder „Frauchen" respektiert. Nach einigen weiteren Monaten setzt er sich auch gegen Frauchen durch, wenn er nicht ruhig, richtig und energisch in seine Schranken verwiesen wird. Ja, es kann sogar soweit kommen, daß er eines Tages seinen Herrn anknurrt, wenn dieser etwas von ihm will, und daß der

Hund ihn, trotz guter Pflege und Wartung, eventuell sogar angehen will. Der unerfahrene Hundebesitzer spricht jetzt von Falschheit oder Untreue und läßt den Hund töten oder verkauft ihn „an die Ketten“. Der erfahrene Hundebesitzer läßt es darauf ankommen, nimmt die Auseinandersetzungen an und gewinnt.

Die meisten Hunde, die den Behörden angeboten werden, sind solche Unbotmäßigen, wie ich sie eben geschildert habe. Für Behörden sind gerade diese Hunde geeignet, und wenn sie in ihre Schranken gewiesen und ausgebildet wurden, dann gibt es keine besseren Diensthunde. Diese Diensthunde sind fast alle Leithunde, die bei richtiger und sachgemäßer Ausbildung nicht zu übertreffen sind.

Die Wölfe sind Nachttiere. Sie verschlafen den Tag und suchen die Beute nachts. Ihre Sinnesorgane sind ganz darauf eingestellt. Wir, die wir uns näher mit dem Hund befassen wollen, stellen fest, daß auch der Hund ein Nachttier ist. Die meisten Hunde ändern während der Nachtzeit ihr Verhalten. Sie werden bei Dunkelheit aktiv, Hunde, die am Tage ruhig sind, werden bei Dunkelheit sehr wachsam und schlagen bei jedem Geräusch an. Die Hunde sind dem Menschen während der Dunkelheit in vielen Beziehungen überlegen.

Nun noch ein trauriges Kapitel. Auch heute fallen Hunde in ihre Wolfseigenschaft zurück. Sie gehen einem angewölften Verhalten, dem Wildern, nach. Bei Einbruch der Dunkelheit oder bei beginnender Dämmerung in den frühen Morgenstunden reißen sie Schafe oder auch Wild. Wenn Hunde wildern, dann meistens zu zweit. Eigentlich müßte man annehmen, daß wildernde Hunde sich das beste Stück Fleisch nehmen. So ist es nicht. Das gerissene Stück wird nicht etwa gänzlich verschlungen, nein, nur die Weichteile werden aufgerissen, und der Magen mit dem Halbverdauten wird gefressen. Ganz natürlich, denn die Wölfe machen es auch so. Und mancher Hundebesitzer wird jetzt verstehen, warum sein Hund am liebsten Innereien frißt.

Und nun noch zwei Hinweise, die dazu dienen sollen, unseren Hund zu verstehen. Das Lager wird von der Wölfin gegen jede Gefahr verteidigt. Wir brauchen uns daher nicht zu wundern, wenn eine Hündin so scharf wird, daß der Züchter nicht an die Wurfkiste zu den kleinen Welpen darf. Vorschnell würde man wieder sagen: „Falschheit, Untreue oder Dummheit!“ Doch, wenn wir es „hundlich“ betrachten, so müssen wir erkennen, daß die Ursprungsveranlagung hier in unserer Hündin noch wach geblieben ist.

Sobald die Welpen zu fressen beginnen, leert die Hündin ihren Mageninhalt aus. Die Welpen stürzen sich mit Gier auf dieses von der Hündin halbverdaute Fressen. Bei der Wölfin in der Natur ist es genauso. Nur

Riesenschnauzer Paco, Diensthund des Landes Schleswig-Holstein. Kinderfreundlich – so soll ein Diensthund sein!

nimmt dort kein Mensch das halbverdaute Fressen fort, weil es unangenehm riecht oder nicht sehr schön aussieht. Wir verstehen aber jetzt das Verhalten unserer Hündin, denn das Erwürgte ist bestes Futter für die Welpen.

Als Beweis, daß der Wolf der Ahne unseres Hundes ist, gilt auch die Dauer der Trächtigkeit. Beide, Wölfin und Hündin, tragen in 63 Tagen ihre Welpen aus. Geringe Abweichungen können bei beiden auftreten.

Unsere Hunde sind also Abkömmlinge vom Wolf, und jeder Hund wird wieder als Nachkomme des Wolfes geboren.

Ob der Hund sich dem Menschen freiwillig genähert hat, um seine Freundschaft zu suchen? Es ist nicht anzunehmen, denn er ist ein Tier der Wildnis. Vielmehr wird er vermutlich den Spuren des Menschen gefolgt sein, dessen Lagerstätten aufgestöbert und hier leicht Nahrung gefunden haben.

Der Mensch hingegen vermag bewußt und zielstrebig zu denken, und er hatte den Wert des Wolfes für seine Zwecke bald erkannt. Der Wolf ist genausowenig Einzelgänger wie der Mensch. Er lebt in Rudeln, und nur im

Rudel ist er stark. Dieses Wesen ist dem Wolf auch heute noch eigen. Wölfe führen ein Nomadenleben, wie unsere Vorfahren es einstmalig auch führten. Wölfe sind von der Natur zur ewigen Wanderung bestimmt, handeln aus einer für uns unergründlichen Eigenart heraus, wenn sie plötzlich die Gegend wechseln.

Ursprünglich zähmte bei passender Gelegenheit der Mensch junge Wölfe. Der Wolf ging mit zur Jagd, trug Lasten und bewachte die Habe. Immer aber mußte er unter Aufsicht sein; denn er war ja ein Tier der Wildnis, dorthin zog es ihn zurück, und die Natur war nur zu gern bereit, ihn wieder aufzunehmen. Es mußten erst viele, viele Generationen (und damit Jahrtausende) vergehen, bis aus dem Wolf der (Haus-)Genosse des Menschen wurde. Wir nennen diese Wandlung Domestikation. Ich erwähnte bereits, daß jeder Hund immer wieder als Wolf geboren wird, weil die Grundeigenschaften des Wolfes in ihm erhalten sind: Er beißt, reißt, scharrt Löcher und frißt mit Vorliebe Fleisch. Seine Ahnen sind ja überwiegend Fleischfresser gewesen, und durch die Vorliebe für Innereien versorgten sie sich über den Panseninhalt der Beutetiere auch mit den erforderlichen pflanzlichen Nährstoffen. Erst beim Menschen sind die Hunde zum Allesfresser gemacht worden.

In allen Haustieren finden sich noch die Gewohnheiten der wilden Ahnen, und darum muß der Hund auch im Rudel leben. Gewöhnlich wird der Welpe der Hündin fortgenommen, wenn er sie noch gar nicht entbehren kann. Hier nun setzt die eigentliche Aufgabe des Menschen ein. Bislang wurde der Welpe von der Mutterhündin gehegt und gepflegt, unter ihrer Obhut tat er die ersten Schritte. Sie führte ihn ein in das Leben, in die ersten Geheimnisse seiner Interessenwelt, sie begann ihn schließlich das zu lehren, was er zum Bestehen seines Daseins braucht. Was der Mensch als lustigen Zeitvertreib betrachtet, ist dem Hund doch weiter nichts als eine sehr ernste Vorübung für das spätere Leben. Alles dieses muß der Mensch dem „Hundchen“ nun ersetzen, denn er ist in dessen Augen nun seine „Mutter“, und er muß den Welpen nicht nur pflegen, sondern auch lieben.

Ich habe erwähnt, daß der Hund, genau wie seine Ahnen, auf ein Rudelleben eingestellt ist; er ist also ein Gesellschaftstier. Zusammen mit meinem Hund bilde ich ein Rudel. An mir liegt es, ob ich der „Leithund“ bin, oder ob mein Hund Chef ist! Ich muß ihm imponieren, um seine Liebe buhlen, jedoch zeigen und beweisen, daß ich der Stärkere und Klügere bin.

Der Hund ist ein Nasentier, und daher ist sein Hauptsinn der Geruch. Ja, seine Nase ist eine Meisterleistung der Natur. Der Boden ist des Hundes Riechreich, denn hier beschafft er sich seine täglichen Riechbilder. Was hoch über ihm ist, berührt ihn herzlich wenig, da kann er doch nicht heran. Die Riechspuren am Boden, die sind seine Welt! Jeder Duft vermittelt ihm ein ganz besonderes Bild: Nachbars Hund, Ratten und Mäuse, Katzen und Hühner, Pferde und Rinder. Gewiß, er kennt nicht unsere menschlichen Bezeichnungen. Das ist ja auch gar nicht nötig. Er weiß anhand des Geruchs so genau, daß da unterschiedliche Wesen existieren.

Die Gerüche sind seine „Zeitung". In seiner Geruchszeitung liest er alle Neuigkeiten, und alle Hunde lesen dieselbe Zeitung. Alle schreiben etwas hinein, heben hier das Bein und da und dort – überall schnell ein paar Tropfen. Dann wissen die anderen Bescheid, können sich freuen oder ärgern! Können lange schnuppern oder schnell vorübergehen, wie es ihnen beliebt. Daher muß ich meinem Hund Gelegenheit geben, seine tägliche Zeitung zu lesen. Er soll doch natürlich leben!

Der Welpe wird gekauft

Wichtig zu wissen ist, woher der Welpe kommt! Haben Sie ihn aus einer Hundehandlung oder von einem Züchter gekauft? Ich bin gegen den Kauf in einer Hundehandlung, da die einzelnen Prägungsphasen nicht mehr nachvollzogen werden können und der Welpe schon Schaden in seinem Umweltbewußtsein genommen haben kann. Leider werden gerade die unüberlegten Spontankäufe über den Ladentisch getätigt.

Unser Hund ist bzw. wird, ich muß es hier klar und deutlich herausstellen, ein Produkt seiner Erbmasse, seiner Umweltprägung, Erziehung und Ausbildung. Nur der Hund, bei dem die von mir aufgezeigten Eckpfeiler vorhanden sind, ist bei richtiger Behandlung „umweltfreundlich" – ja –, und „umweltfreundlich" muß in der heutigen Zeit der Motorisierung und Technisierung unser Hund sein!

Es lohnt sich, die beiden Begriffe „Erbmasse" und „Umweltprägung" noch ein wenig näher zu beleuchten. Vorweg sind dabei zwei Fachausdrücke zu erläutern: Was verstehen wir unter Standard und was unter Rasse?

Im Zusammenhang mit der Zucht verstehen wir unter Standard das gewünschte Qualitätsniveau der jeweiligen Rasse. Und eine Rasse ist vorhanden, wenn alle äußeren und inneren Merkmale konstant vererbt werden. Hier sei wiederholt, daß gerade der Hund sehr veränderungsfähig ist. Es ist verhältnismäßig einfach, eine (neue) Hunderasse zu züchten bzw. sie zu verändern. Die Veränderung kann erfolgen zum Vorteil, jedoch leider auch zum Nachteil der jeweiligen Rasse. Die Lebensfähigkeit einer Rasse unter Berücksichtigung des Tierschutzgedankens zu gewährleisten, halte ich für die erste Pflicht der zuständigen Vereine.

Genauso wichtig wie die äußeren sind die inneren Merkmale. Beide sind bedingt durch die Erbmasse. Zu den inneren Merkmalen gehört insbesondere das „Wesen" des Hundes. „Wesen" möchte ich umschreiben mit „umweltfreundliche Veranlagung entsprechend der Nutzung der jeweiligen Rasse". – Es dürfte einleuchtend sein, daß scheue, ängstliche und nervöse Elterntiere für die Zucht nicht geeignet sind. Also: Welpen nur von Züchtern kaufen, die mit „durchgezüchteten" Elterntieren züchten. Durchgezüchtet bedeutet einwandfreie Vererbung der äußeren und inneren Merkmale der jeweiligen Rasse. Ich bin der Meinung, daß bereits beim „Werden" der Welpen im Mutterleib die Umweltprägung mehr oder

Raska v. Bartenwetzer, Riesenschnauzerwelpe im Alter von 8 Wochen (siehe auch Bild auf der Seite 48)

weniger beginnt. Alle meine Hündinnen lebten bei uns in der Familie. Immer wieder konnte ich beobachten, wie die Hündinnen (je näher der Wurftag kam) immer anhänglicher wurden und das Zusammenleben mit uns Menschen suchten. Sie hatten nur noch zwei Aufenthaltsorte: entweder die vorbereitete Wurfkiste oder in der unmittelbaren Nähe meiner Frau oder bei mir. Das sonst übliche auch mal „Alleinsein" kannten wir kurz vor der Geburt der Welpen nicht.

Nach der Geburt werden die Welpen mit der Umwelt konfrontiert, und es beginnt die eigentliche „Umweltprägung". Obwohl in den ersten Lebenswochen die Welpen überwiegend auf die Mutterhündin geprägt werden, halte ich die zusätzliche Betreuung der kleinen Welpen durch den Züchter gerade wegen der Prägung für äußerst wichtig. Der Züchter muß entsprechend dem Alter der Welpen diesen die Möglichkeit geben, ihn sich als Freund Mensch „einzuprägen" und ihn zum Objekt ihrer natürlichen Anhänglichkeit zu machen. Nur Züchter, die Zeit haben für ihre Würfe, können so die Weichen richtig stellen!

Aufzuchtzwinger und Wohnung gehören auf ein Grundstück. Das ständige Sich-mit-den-Welpen-Beschäftigen ist eine wichtige Voraussetzung für den Werdegang des Hundes. Welpen, die satt sind und trotzdem freudig und spontan zum Züchter kommen und an Hose bzw. Rock zotteln, sind richtig geprägt. Ein Züchter jedoch, der mit seiner „Sonntagshose" zu den Welpen geht und so sauber, wie er hineinging, wieder herauskommt, hat nichts von Prägung gehört oder gelesen, denn bereits sehr früh prägt sich der Hund das „Freundbild Mensch" ein. Diese Phase sollte der Züchter nicht verpassen. Also: Neben der guten Erbmasse ist die Umweltprägung, angefangen beim Züchter und fortgesetzt beim Besitzer, der zweite Eckpfeiler.

Äußerst wichtig ist es, dem Welpen, nachdem er ein neues Zuhause gefunden hat, nach und nach die fremde Umwelt zu zeigen, damit er Eindrücke sammeln und verarbeiten kann. „Umweltprägung" ist das Sammeln von Eindrücken der Umgebung. Das Gehirn des Hundes ist wie eine große Registratur, die alle neuen Eindrücke speichert.

Je mehr das Gehirn gefordert wird, desto mehr wird es speichern. Oder anders gesagt: Je mehr dem Hund gezeigt wird, je umweltgeprägter wird er. Der Besitzer, der seinen Hund nur im Zwinger hält, darf sich nicht wundern, wenn der Junghund umweltfremd wird und schon eine Mitnahme in die Stadt und erst recht zu einer Ausstellung für Besitzer und Hund zur Qual wird. Eine einwandfreie Erbmasse und eine umsichtige Umweltprägung sind die Voraussetzungen für ein artgerechtes Heranwachsen sowie die richtige Erziehung und Ausbildung.

Wichtig zu wissen

Die Hunde der Frühzeit waren bestimmt keine Schönheiten. Damals wußten die Menschen noch nichts vom Standard einer Rasse. Erst in der zweiten Hälfte des 19. Jahrhunderts fanden sich Hundeliebhaber zusammen, die für den jeweiligen Zweck den richtigen Hund haben wollten und entsprechend züchteten. Die „Kynologen" der damaligen Zeit versuchten bestimmte „Hundetypen" in einem Standard zusammenzufassen.

Unter Standard versteht man den Idealtyp der angesprochenen Hunderasse. Der Standard wird vom verantwortlichen Verein (Klub) im Ursprungsland der betreffenden Rasse aufgestellt.

Seit der Jahrhundertwende haben sich die Aufgaben des Hundes nach und nach erheblich erweitert. Ganz bestimmte Rassen haben sich als Gebrauchshunde/Diensthunde entwickelt. Dazu kam, daß die Behörden den großen Wert und Nutzen eines geeigneten Hundes erkannten und sich dieser Rassen als Verwendung zu Gebrauchshunden bedienten.

Auch die Zucht der in diesem Buch beschriebenen acht Rassen geht auf diese Zeit zurück, und nach und nach wurden deren Angehörige auf den heutigen hohen Stand von „Gebrauchshunderassen" gebracht. Alle Vereine, die sich mit diesen Rassen befassen, sind sich einig, einen Hund für den täglichen Gebrauch zu züchten. Das war bestimmt nicht immer einfach, und viele Rückschläge mußten hingenommen werden. Doch Ausdauer, Zielstrebigkeit und Erfahrungen führten zum gewünschten Erfolg. Diese Vereine stellten und stellen nach wie vor das Wesen des Hundes in den Vordergrund, vergessen aber auch nicht die Schönheit der jeweiligen Rasse.

Die Verantwortung für die Qualität der Gebrauchshunderassen tragen die zuständigen Zuchtvereine. Der Privatmann, der sich dieser Zucht im einzelnen verschrieben hat, sorgt für den Nachwuchs; Behörden züchten nur ganz selten. Das halte ich auch für gut. Hundezucht ist nach wie vor Liebhaberei und Sport zugleich. Die viele Arbeit und Mühe, die ein Züchter aufwenden muß, sind unbezahlbar. Wollte eine Behörde züchten, müßte jeder Handschlag bewertet und bezahlt werden. Das würde sehr teuer. Dazu kommt, und das ist viel wichtiger, der Hund könnte im Dienstbetrieb kaum richtig geprägt werden. Haben Sie die Absicht, sich einen Gebrauchshund anzuschaffen, so wählen Sie einen rassereinen Welpen aus einem guten Zwinger. Sparen Sie nicht am falschen Platz. Für etwas mehr Geld erhalten Sie einen Gebrauchshund aus einem ordentlichen Zwinger. Sie suchen doch einen Hund mit einem einwandfreien Wesen, gepaart mit Gesundheit und Schönheit.

Von den klassischen Gebrauchshunde-/Diensthunderassen spricht man bei den sogenannten Mittelrassen, die für ganz bestimmte Aufgaben geeignet sind. Die Hunde der großen und schweren Rassen sind nicht beweglich genug. Die kleinen Rassen haben nicht die Kraft und erwecken durch ihre Erscheinung auf gewalttätige Menschen keinen besonderen Eindruck.

Dienst- und Gebrauchshunderassen sind:

1. Der Deutsche Schäferhund
   Verein für Deutsche Schäferhunde e.V.
2. Der Deutsche Boxer
   Boxer-Klub e.V. – Sitz München
   Internationaler Boxer-Club e.V.
3. Der Rottweiler
   Allgemeiner Deutscher Rottweiler-Klub e.V.
4. Der Airedale-Terrier
   Klub für Terrier e.V.
5. Der Riesenschnauzer
   Pinscher- und Schnauzer-Klub 1895 e.V.
6. Der Dobermann
   Dobermann-Verein e.V.
7. Der Hovawart
   Rassezuchtverein für Hovawart Hunde e.V.
8. Der Bouvier des Flandres
   Bouvierfreunde e.V. – Deutscher Bouvier-Club v. 1977 e.V. – Klub für Bouvier des Flandres e.V.

Die genauen Anschriften der Vereine/Klubs finden Sie auf Seite 95.

Für die Ausbildung der Diensthunde sind Behörden zuständig. Der private Hundehalter muß seinen Hund selber beschaffen (und ausbilden); er findet bei den Zuchtvereinen der jeweiligen Rasse jederzeit Unterstützung und Hilfestellung. Quer übers Bundesgebiet haben die Vereine Ortsgruppen. Außerdem gibt es Hundesportvereine, die im „Deutschen Hundesportverband“ (DHV) als Dachverband zusammengeschlossen sind. Die Förderung der sportlichen Tätigkeit des Menschen in der Arbeit mit dem Hund und die Förderung der hundesporttreibenden Jugend gehören zu den Hauptzielen des Hundesportverbandes. Abweichend von den Rassezuchtvereinen, die neben der Zucht ihrer Rassen die Erziehung und Ausbildung der jeweiligen Rasse fördern, betreibt der Deutsche Hundesportverband mit seinen Untergliederungen speziell die Erziehung und Ausbildung der Hunde und ist offen für Hundefreunde aller Rassen, ob „klein", „mittel" oder „groß".

Die erwähnten Zuchtvereine und der Deutsche Hundesportverband sind wiederum in einem Dachverband, in der „Arbeitsgemeinschaft der Zucht- und Gebrauchshundeverbände" (AZG) zusammengeschlossen. Dadurch ist eine Einheit in den Prüfungsbedingungen gegeben. Man kann also als Mitglied des A-Vereines auch eine Prüfung im B-Verein ablegen, selbst als Besitzer eines Hundes einer seltenen Rasse, wenn ein diesbezüglicher Verein nicht in der Nähe ist – sei dies nun ein Gebrauchshundeverein vom DHV oder ein anderer Zuchtverein. Die Prüfungen werden gegenseitig anerkannt. Eine sehr gute Lösung, die zeigt, daß das Verhältnis der Vereine untereinander gut ist.

Übersicht über die Verwendungsmöglichkeiten der Gebrauchshunderassen

	Verwender	Verwendungsmöglichkeiten
Diensthunde	Polizei, Zoll Bundesgrenzschutz, Bundeswehr	Schutzhunde, Fährtenhunde, Suchhunde (Beweismittel), Drogensuchhunde, Sprengstoffsuchhunde, Rettungshunde, Lawinenhunde, Leichensuchhunde
Gebrauchshunde	Private Hundehalter Wachunternehmungen	Sporthunde, Schutzhunde, Fährtenhunde, Blindenführhunde, Hütehunde, Rettungshunde, Lawinenhunde

Anforderungen an einen guten Dienst- und Gebrauchshund

Je nach seiner Verwendung muß der Dienst- und Gebrauchshund bestimmte Mindestanforderungen erfüllen. Diese sind:

1. Der Hund muß körperlich und gesundheitlich voll geeignet sein

Nur planmäßige und richtig durchdachte Zucht in Verbindung mit einer umweltfreundlichen Aufzucht der Welpen ist erfolgversprechend. Der Rassehund mit den besten Erbanlagen bietet diese Gewähr. Alle Rassezuchtvereine der AZG sind bestrebt, daß ihre Mitglieder nur mit gesunden Hunden züchten. Gerade für den Dienst- und Gebrauchshund ist Gesundheit wichtig, denn für eine einwandfreie Erziehung und Ausbildung und Verwendung als Dienst- bzw. Gebrauchshund eignen sich nur gesunde Abkömmlinge lebensfähiger Rassen. Zur Lebensfähigkeit des Hundes gehört insbesondere seine Bewegungsmöglichkeit. Für unsere Hunde, die von Natur Lauftiere sind, dürfen Wander- und Laufleistungen des Menschen keine Hürde sein.

Auch das Traben am Fahrrad ist für einen durchtrainierten Dienst- und Gebrauchshund keine Schwierigkeit. Der mittelgroße Hund kann gut und gerne, mit Pausen versteht sich, 20 Kilometer am Fahrrad traben. Unser Hund will laufen – wenn er gesund ist. Es entspricht seiner natürlichen Veranlagung. Nur die vom Menschen „verzüchteten" Rassen können sich nicht mehr hinreichend bewegen. Hier hat der Mensch gesündigt und damit auch gegen den Tierschutzgedanken verstoßen!

Die Bewegungsabläufe des Hundes sind wissenschaftlich untersucht. Für mich faszinierend waren die von Prof. Eugen Seiferle, Schweiz, bereits 1956 anläßlich der Weltausstellung vorgetragenen Untersuchungsergebnisse. Seine mehrfach publizierten Arbeiten sind leider trotzdem noch viel zu wenig bekannt, denn wie könnten sonst noch Hunde gezüchtet werden, die nicht „laufen" können. Die Vorwärtsbewegung beim Hund wird durch das abwechselnde Strecken und Abstemmen der Hinterläufe gegen den Boden ausgelöst und unterhalten, wobei der bodenwärts gerichtete Druck unter Streckung des Sprung-, Knie- und Hüftgelenks über das Becken auf die Wirbelsäule und damit den Rumpf übertragen und in einen Schub nach vorne umgewandelt wird. Bei jeder Vorwärtsbewegung gehen Impulse und Schubkraft von der Hinterhand aus. Gesunde Sprung-, Knie- und Hüftgelenke sind also Voraussetzung. Das ist leider nicht immer der Fall. Viele Hunde, insbesondere die mittelgroßen und großen schweren Rassen, leiden unter ererbter Hüftgelenksdysplasie.

Die Hüftgelenksdysplasie (HD) ist eine ererbte Mißbildung der Hüftgelenke. Während normalerweise der Oberschenkelkopf tief in der Gelenkpfanne des Beckens sitzt, passen beim fehlerhaften Gelenk die Gelenkflächen des Oberschenkelkopfes und der Gelenkpfanne nicht mehr einwandfrei zusammen. Der Oberschenkelkopf kann sogar vollständig aus der Gelenkpfanne verlagert sein. Der Grad der Ausprägung kann durch Umweltgeschehen beeinflußbar sein. Eine Diagnose der HD ist nur röntgenologisch zu erstellen. Wir kennen HD 0 = ohne Befund, HD 1 = Grenzfall/fast normal, HD 2 = leichte HD, HD 3 = mittlere HD und HD 4 = schwere HD.

Die Diagnose kann erst ab einem bestimmten Alter gestellt werden (etwa mit einem Jahr, bei spätreifen Rassen mit 1½ Jahren). Beim Welpen ist HD noch nicht erkennbar. Daher sollte sich jeder Käufer beim Züchter erkundigen, mit welchem Ergebnis die Elterntiere auf HD untersucht wurden. So können Sie sich Enttäuschungen ersparen. Eine Heilung der HD gibt es nicht. Die Behandlung kann bestenfalls Linderung bringen. Das Auftreten der HD muß von den Zuchtvereinen bekämpft werden; ist dies nicht der Fall, breitet die Krankheit sich bei großen Rassen unkontrolliert aus.

Mit Genugtuung kann ich jedoch feststellen, daß jene Zuchtvereine die die Dienst- und Gebrauchshunderassen züchten und der AZG angeschlossen sind, dem Rechnung tragen. Mit Hunden, die HD 3 haben, darf nicht mehr gezüchtet werden. Diese Zuchteinschränkungen werden von Zeit zu Zeit verschärft, um in einigen Jahren nur noch mit HD-freien Tieren zu züchten.

Als Leiter einer staatlichen Hundeschule war ich in den Jahren vor 1975 mehrfach gezwungen, noch verhältnismäßig junge Diensthunde, die an HD erkrankt waren, vom Tierarzt töten zu lassen. Wie bitter so etwas ist, kann nur der Hundefreund ermessen, der weiß, daß der Hund bis auf die Erkrankung der Hüftgelenke gesund ist. Klare Augen, die einen freudig anhimmeln, geistig voll da, gesunde Vorderhand, nur, die Hinterhand ist krank, und der Hund kann nicht mehr aufstehen oder gar laufen.

Hunde mit HD 2 sollten nicht zur Zucht verwendet werden, wenngleich diese sich noch gut für die Ausbildung zum Dienst- bzw. Gebrauchshund eignen. Für die Behörde kaufte ich damals auch noch

Hunde mit HD 2. Die Ausbildung und Verwendung als Diensthund war dadurch nicht gefährdet und verstieß auch nicht gegen den Tierschutzgedanken.

Hat ein Hund jedoch HD 3, so ist damit zu rechnen, daß er im Alter von sechs bis sieben Jahren nicht mehr laufen kann; bei HD 4 ist die Lebenserwartung noch weit geringer. Da wundert sich zum Beispiel ein Hundefreund über seinen Hund, weil dieser sich nicht mehr so freudig und leicht setzen will, so wie bei einem meiner Diensthunde geschehen. Bis zu seinem siebten Lebensjahr schien alles in Ordnung, doch mit einem Mal verweigerte er das entsprechende Kommando. Der Führer versuchte die Ausführung mit einem leichten Druck auf die Hinterhand zu erreichen. Der Hund ließ sich dies aber nicht gefallen und knurrte; er hatte offensichtlich große Schmerzen. Daraufhin wurde der Hund geröntgt und dadurch einseitig schwere HD festgestellt. Also: Nur gesunde und lebensfähige Hunde eignen sich als Dienst- und Gebrauchshunde. Wer möchte schon seinen Hund so früh verlieren?

Die Ausbildung eines kranken Hundes, also eines Hundes mit HD 3, steht im Gegensatz zum Tierschutzgedanken. Meine Forderung schon seit Jahren: Alle Hunde müssen, bevor sie eine Prüfung ablegen dürfen, auf HD untersucht sein!

Inzwischen werden bei den Behörden alle Hunde vor Ankauf auf HD geröntgt. Doch wer wußte vor mehr als 20 Jahren schon etwas von dieser Krankheit? Die ersten wissenschaftlichen Untersuchungen wurden in der Bundesrepublik 1963 vorgenommen. Die Universität Berlin war maßgeblich beteiligt, und der Deutsche Schäferhundverein stellte einen größeren Betrag zur Verfügung. Doch wer weiß dies heute noch?

2. Der Hund muß nervlich gut veranlagt sein

– Wesen haben und zeigen! –

Heute, im Zeitalter der Technisierung und Motorisierung hat nur noch der nervlich einwandfrei veranlagte Hund eine Zukunft. Es ist längst bewiesen und unbestritten, daß die Grundlage des Wesens des Hundes genauso vererbt wird wie die äußeren, sichtbaren Merkmale (z. B. Ohren, Augenfarbe, Haarfarbe, Körperbau, Gliedmaßen usw.).

Unter Wesen versteht man die innere Veranlagung des Hundes. Zum guten Wesen gehören Ruhe, Unbefangenheit, Gutartigkeit, eine mittlere Reizschwelle in Verbindung mit Selbstsicherheit, Härte, Mut und Kampftrieb. Letzteres ist nicht bei allen Aufgaben, die ein Gebrauchshund zu erfüllen hat, erforderlich. Ich denke hier besonders an den Blindenführ-, Rettungs- und Lawinensuchhund und an den Sporthund.

Negativ für den Dienst- und Gebrauchshund sind Angst, Scheu, Reizbarkeit und Teilnahmslosigkeit, d. h., eine zu hohe oder zu niedrige Reizschwelle ist vorhanden.

Für mich ist ein Hund, der auf einer Ausstellung mit „Sehr gut" bewertet wurde und gute Wesensmerkmale aufweist, viel mehr wert als ein Hund, der auf der Ausstellung im Formwert ein „Vorzüglich" bekam, aber im Wesen unzureichend ist. Schönheit ist nicht alles!

3. Der Hund muß schußgleichgültig sein

Der Dienst- und Gebrauchshund muß schußgleichgültig sein. Schußwütigkeit in Grenzen kann hingenommen werden; Schußscheuheit jedoch nicht. Ein Hund, der bei jedem Knall die Rute einklemmt und davonschleicht, am ganzen Körper zittert, sich unter einem Versteck verkriecht oder gar sein Heil in der Flucht sucht, ist als Dienst- und Gebrauchshund nicht geeignet. Mit einem schußscheuen Hund ist folglich auch keine Prüfung zu bestehen, eine richtige Vorgabe der Experten. Kaufen Sie einen älteren Hund, so überprüfen Sie die Schußgleichgültigkeit. Sie ist eine innere Veranlagung, daher entweder „ja" oder „nein".

4. Der Dienst- und Gebrauchshund muß für bestimmte Zwecke Kampftrieb haben

Eine wichtige Voraussetzung für den Dienst- und Gebrauchshund ist der Kampftrieb, wenn er als Diensthund der Behörde bzw. als Schutzhund im Privatbereich eingesetzt werden soll. Über Kampftrieb wurde schon viel geschrieben, leider nicht immer zum Nutzen der Rassen. Kampftrieb ist Veranlagung, doch nicht alle Gebrauchshunde benötigen Kampftrieb, um gute Gebrauchshunde zu sein (Blindenführhund, Rettungshund, Lawinensuchhund und Sporthund). Der Dienst- und Gebrauchshund muß entsprechend der Verwendung über ausreichenden Kampftrieb verfügen; nicht zu viel, aber auch nicht zu wenig.

„Bestien", wie wir sie 1945 bis 1949 bei der Polizei suchten, sind heute nicht mehr gefragt. Ein Dienst- und Gebrauchshund darf, wenn er ausgebildet ist, nur auf Befehl beißen und muß jederzeit wieder vom Täter ablassen. Hunde mit überzogenem Kampftrieb sind nicht gefragt und dürfen unter keinen Umständen zur Zucht verwendet werden. Nicht geeignet als Dienst- und Gebrauchshund sind Hunde, die sich bei einem kleinen Schlag verkriechen oder sogenannte Angstbeißer!

Den „Kampftrieb" richtig beurteilen kann nur der Fachmann, der selbst ausgebildet hat und als Helfer beim Schutzdienst Erfahrungen hat sam-

Diensthund und Dienstpferd, zwei unentbehrliche Helfer der Polizei

meln können. Nur er sieht, ob Kampftrieb vorhanden ist, oder ob der Hund künstlich an einem Beißarm ausgebildet wurde und in der Praxis dann versagen wird.

5. Die äußere Erscheinung eines Dienst- und Gebrauchshundes

Eine wichtige Voraussetzung für den Gebrauchswert einer Hunderasse ist die äußere Erscheinung. Der einsatzfähige Dienst- und Gebrauchshund soll mittelgroß und mittelschwer sein. Ist ein Hund zu groß oder gar zu schwer, so ist er den Anforderungen an gewandter Schnelligkeit nicht mehr gewachsen. Zu kleine und zu leichte Hunde haben auch keinen genügenden Gebrauchswert. Das Haarkleid ist ebenfalls von Bedeutung, es gibt Schutz vor Nässe und Kälte, darf nicht zu dicht, nicht zu lang, aber auch nicht zu kurz sein.

6. Führigkeit des Hundes

Die Führigkeit eines Hundes ist auch eine Wesensanlage. Ich messe ihr ganz große Bedeutung zu, denn Führigkeit bedeutet die Bereitschaft des Hundes, sich vom Menschen, von seinem Führer, gerne lenken und leiten zu lassen. Es sind die Hunde, die freudig und aufmerksam die gewünschten Übungen ausführen, Hunde, die auf „Arbeit" warten, um diese dann sogleich auszuführen.

Die hier aufgeführten Voraussetzungen an einen guten Dienst- und Gebrauchshund sind im aktuellen Standard der jeweiligen Rasse festgelegt. Nach den Bestimmungen der Fédération Cynologique Internationale (FCI) stellen die Mitgliedsländer den Standard für jene Rassen zusammen, die in ihrem Land als bodenständig angesehen werden. Mit der Herausgabe des Zuchtstandards durch die FCI wird dieser allgemein verbindlich.

Mit freundlicher Genehmigung der Zuchtvereine werde ich für die Dienst- und Gebrauchshunderassen den jeweiligen Standard aufzeigen; Experten haben diesen festgelegt. Der Leser hat so die Möglichkeit zum Vergleich und kann frei über den Kauf eines Hundes einer bestimmten Rasse entscheiden. Angemerkt sei, daß alle Rassezuchtvereine beim Kauf mit Rat und Tat zu helfen bereit sind.

Beim Kauf eines Welpen erkundigen Sie sich nach dessen Abstammung. Alle Zuchtvereine der Dienst- und Gebrauchshunderassen haben großes Interesse daran, daß nur einwandfreie Elterntiere zur Zucht verwendet werden. Aus diesem Grunde wurde bei den meisten Vereinen auch Körzucht, Leistungszucht bzw. Kör- und Leistungszucht eingeführt. Kör- und Leistungszucht bedeutet Auslese! Bei Elterntieren, Groß- und Urgroßeltern sind von Fachleuten besonders gute Leistungen festgestellt worden. Der Gebrauchswert als Zuchtziel wurde hierdurch natürlich gesteigert.

Die Dienst- und Gebrauchshunderassen

Der Deutsche Schäferhund

Der Deutsche Schäferhund, mit dessen planmäßiger Züchtung im Jahre 1899 nach Gründung des Vereins begonnen wurde, ist aus den mitteldeutschen und süddeutschen Schlägen der damals vorhanden gewesenen Hütehunde herausgezüchtet worden, mit dem Endziel, einen zu hohen Leistungen veranlagten Gebrauchshund zu züchten. Um dieses Ziel zu erreichen, wurde der Rassestandard des Deutschen Schäferhundes festgelegt, der sich sowohl auf die körperliche Beschaffenheit als auch auf die Wesenseigenschaften bezieht.

Allgemeines Erscheinungsbild. Der Deutsche Schäferhund ist mittelgroß. Die Widerristhöhe ist mit Standmaß als Höhe des Knochengerüstes bei angedrücktem Haar zu messen, und zwar an einer den Ellbogen des Hundes berührenden Senkrechten vom Widerrist zum Erdboden. Die ideale Widerristhöhe ist 62,5 cm für Rüden und 57,5 cm für Hündinnen. Ein Abweichen von 2,5 cm nach oben oder unten ist erlaubt. Weitere Überschreitungen wie ein Zurückbleiben unter dem Mindestmaß mindern den Gebrauchs- und Zuchtwert. Der Deutsche Schäferhund ist leicht langgestreckt, kräftig und gut bemuskelt. Seine Knochen sind trocken, und das Gefüge ist fest. Das Verhältnis von Höhe zur Länge und die Stellung und Lagerung der Gliedmaßen (Winkelung) sind so aufeinander abgestimmt, daß ein weit raumgreifendes, ausdauerndes Traben gewährleistet ist. Er verfügt über ein wetterfestes Haarkleid.

Eine gefällige Erscheinung ist anzustreben, doch darf die Gebrauchstüchtigkeit des Hundes dadurch nicht in Frage gestellt werden. Das Geschlecht muß ausgeprägt, d. h. also, die Männlichkeit des Rüden und die Weiblichkeit der Hündin müssen unverkennbar sein. Der dem Rassebild entsprechende Deutsche Schäferhund vermittelt dem Beschauer ein Bild urwüchsiger Kraft, Reaktionsstärke und Wendigkeit, bei dem in wohlproportionierter Abgewogenheit nirgends zu viel und nirgends zu wenig ist. Die Art, wie er sich bewegt und benimmt, muß unschwer erkennen lassen, daß in einem gesunden Körper ein gesunder Geist wohnt und somit die körperlichen und geistigen Voraussetzungen geschaffen sind, die es ihm ermöglichen, bei größter Ausdauer jederzeit als Gebrauchshund einsatzbereit zu sein.

Nur dem geübten Fachmann ist es möglich, das Vorhandensein der für Deutsche Schäferhunde erforderlichen Gebrauchshundeeigenschaften festzustellen. Deshalb sollten nur Spezialrichter herangezogen werden, die in der Lage sind, die ihnen vorgestellten Hunde auf ihr Wesen einschließlich Schußgleichgültigkeit zu überprüfen und die auch nur solchen Deutschen Schäferhunden die Zuchtbewertung „Vorzüglich" zuerkennen dürfen, die ein anerkanntes Ausbildungskennzeichen führen.

Bei überschäumendem Temperament muß der Schäferhund führig sein, sich jeder Situation anpassen und die ihm zugedachten Arbeiten willig und mit Freude ausführen. Er muß Mut und Härte zeigen, wenn es gilt, sich, seinen Führer oder dessen Hab und Gut zu verteidigen. Er muß auch freudig angreifen, wenn sein Führer dies wünscht, muß aber ansonsten ein wohl aufmerksamer, jedoch gehorsamer und angenehmer Hausgenosse sein, fromm zu seiner vertrauten Umgebung, vor allem zu Kindern und anderen Tieren, und unbefangen im Verkehr mit Menschen. Alles in allem ein harmonisches Bild natürlichen Adels und Achtung einflößender Selbstsicherheit.

Winkelung und **Gangwerk.** Der Deutsche Schäferhund ist ein Traber; sein Gangwerk läuft somit in diagonaler Fußfolge, d. h., er setzt immer zum Hinterlauf der einen Körperhälfte den Vorderlauf der anderen Körperhälfte auf und jeweils umgekehrt. Seine Gliedmaßen müssen deshalb so aufeinander abgestimmt, d. h. gewinkelt sein, daß er ohne wesentliche Veränderung der Rückenlinie seine Hinterläufe bis zur Mitte des Körpers vorschieben und mit der Vorhand genau so weit ausgreifen kann. Jede Neigung zur Überwinkelung der Hinterhand mindert die Festigkeit und Ausdauer. Beim richtigen Verhältnis von Höhe zur Länge und entsprechender Laufknochenlänge ergibt sich ein raumgewinnendes Gangwerk, das, flach über den Boden ablaufend, den Eindruck müheloser Vorwärtsbewegung vermittelt. Bei einem nach vorn geschobenen Kopf sowie leicht angehobener Rute ergibt sich bei einem gleichmäßigen und ruhigen Traber eine von den Ohrenspitzen über den Nacken und Rücken bis zum Rutenende verlaufende, weich geschwungene gerade Rückenlinie.

Wesensart, Charaktereigenschaften und **Veranlagung.** Nervenfestigkeit, Aufmerksamkeit, Unbefangenheit, Führigkeit, Wachsamkeit, Treue und Unbestechlichkeit sowie Mut, Kampftrieb und Härte sind die hervorstechendsten Eigenschaften eines reingezüchteten Deutschen Schäferhundes. Sie machen ihn in vorzüglicher Weise zum Gebrauchshund im allgemeinen und zum Wach-, Begleithund, Schutz- und Hütehund im besonderen geeignet.

Seine Riechfähigkeit, verbunden mit einem Trabergebäude, das ihm ermöglicht, ohne körperliche Anstrengung die Nase dicht über dem Boden zu führen, ruhig und sicher Fährten auszuarbeiten, macht ihn im hohen Maße geeignet, als Fährten- und Suchhund zu den verschiedensten Zwekken eingesetzt zu werden.

Kopf. Der Körpergröße entsprechend (Länge 40 % der Widerristhöhe) ohne plump, zu fein oder überstreckt zu sein. In der Gesamterscheinung trocken, zwischen den Ohren mäßig breit.

Stirn von vorn und von der Seite gesehen nur wenig gewölbt, ohne oder nur mit schwach angedeuteter Mittelfurche.

Backen. Verlauf seitlich in ganz sanfter Rundung und ohne hervorzustehen nach vorn.

Der **Oberkopf** (etwa 50 % der gesamten Kopflänge) geht von oben gesehen von den Ohren zur Nasenkuppe, sich allmählich gleichmäßig verjüngend, mit schräg verlaufendem, nicht scharf ausgeprägtem Stirnabsatz in den, ebenfalls von vorn gesehen, keilförmig verlaufenden, langen und trockenen Schnauzteil (Oberkiefer und Unterkiefer, der kräftig entwickelt sein muß) über. Die Oberkopfbreite soll in etwa der Oberkopflänge entsprechen, wobei bei Rüden ein leichtes Überschreiten und bei Hündinnen ein leichtes Unterschreiten nicht beanstandet wird.

Der **Fang** ist kräftig, die **Lippen** sind straff, trocken und gut anschließend.

Der gerade **Nasenrücken** verläuft nahezu gleich mit der Verlängerungslinie der Stirn.

Gebiß. Muß gesund, kräftig und vollständig (42 Zähne, 20 im Ober- und 22 im Unterkiefer) sein. Der Deutsche Schäferhund hat ein Scherengebiß, d. h., die Schneidezähne müssen scherenartig ineinandergreifen, wobei die Schneidezähne des Unterkiefers die Schneidezähne des Oberkiefers schneiden.

Auf-, Unter- und Überbeißen ist fehlerhaft, auch größere Zwischenräume zwischen den Zähnen. Fehlerhaft ist auch ein gerades Gebiß (Schneidezähne schließen sich in gerader Linie). Die Kiefer müssen kräftig entwickelt sein, damit die Zähne in die Zahnleiste eingebettet sein können.

Ohren. Mittelgroß, am Grund breit, hoch angesetzt, sie werden stehend (gleichgerichtet und nicht einwärts gezogen) getragen und sind spitz auslaufend mit der Muschel nach vorn gestellt. **Kippohr, kupierte Ohren** und **Hängeohren** sind zu verwerfen. Einwärts gezogene Ohren beeinträchtigen das Rassebild erheblich. Welpen und Junghunde lassen während des Zahnwechsels mitunter bis zum 6. Monat, zuweilen noch etwas länger, die Ohren hängen oder ziehen sie einwärts. In der Bewegung und in liegender Ruhestellung legen viele Hunde die Ohren an. Dies ist nicht fehlerhaft.

Augen. Mittelgroß, mandelförmig, etwas schräg liegend und nicht vortre-

Vier Diensthunde der Polizei des Landes Schleswig-Holstein. Die Deutschen Schäferhunde sind als Schutzhunde und gleichzeitig als Drogensuchhunde ausgebildet und werden entsprechend eingesetzt

tend. Farbe der Fellfärbung des Hundes angepaßt, möglichst dunkel. Sie zeigen lebhaften, verständigen, selbstsicheren Ausdruck.

Hals. Kräftig, mit gut entwickelten Muskeln ohne lose Kehlhaut (Wamme). Er wird in einem Winkel von etwa 45° zur Horizontalen getragen, richtet sich in der Erregung stärker auf und senkt sich beim Traben.

Rumpf. Die Rumpflänge soll das Maß der Widerristhöhe übertreffen. Sie soll etwa 110 bis 117 % der Widerristhöhe betragen. In der Gesamtlänge kurze, quadratische, hochläufige Hunde sind unerwünscht.

Brust tief (ca. 45 bis 48 % der Widerristhöhe), aber nicht zu breit. Unterbrust möglichst lang und ausgeprägt.

Rippen wohlgeformt und lang, weder tonnenförmig noch zu flach und bis zum Brustbein herabreichend, das bis zu den Ellbogen reicht. Ein richtig geformter Brustkorb gestattet den Ellbogen freie Bewegung, wenn der Hund trabt. Ein zu runder Brustkorb verursacht Störungen und ein Ausdrehen der Ellbogen. Ein zu flacher Brustkorb verursacht eingezogene Ellbogen. Der Brustkorb reicht ziemlich weit nach hinten, so daß die Lenden verhältnismäßig kurz sind.

Bauch mäßig aufgezogen.

Rücken einschließlich Lende gerade und kräftig entwickelt. Zwischen

Widerrist und Kruppe nicht zu lang. Der Widerrist muß lang und hoch genug sein, gut angedeutet dem Rücken gegenüber, zu dem er sanft übergehen muß, ohne die Rückenlinie zu unterbrechen, von vorn nach hinten leicht abfallend.

Lenden breit, kräftig und gut bemuskelt.

Kruppe lang und leicht abfallend (etwa 23°). Darm- und Kreuzbein bilden die knöcherne Grundlage. Kurz abfallende oder gerade Kruppe unerwünscht.

Rute. Buschig behaart, sie reicht mindestens bis zum Sprunggelenk und darf nicht über die Mitte des Hintermittelfußes hinausragen. Sie bildet am Ende, wenn auch unerwünscht, bisweilen einen seitlich abgebogenen Haken. In der Ruhe in sanftem Bogen herabhängend getragen, wird sie in der Erregung und Bewegung stärker gebogen und gehoben. Doch soll die Hebung nicht über die Vertikale hinausgehen. Die Rute darf daher auch nicht gerade oder geringelt über den Rücken gelegt werden. Künstlich gestutzte Ruten sind unzulässig.

Vordergliedmaßen. Schulterblatt lang, schräg gestellt (Neigung etwa 45°) und flach anliegend. Der Oberarm schließt sich in etwa rechtem Winkel an. Er muß, wie die Schulter, kräftig und gut bemuskelt sein.

Unterarm von allen Seiten gesehen, gerade. Die Knochen des Ober- und Unterarmes sind mehr oval als rund.

Fesseln fest, aber nicht zu steil, aber auch nicht durchtretend (etwa 20°).

Ellbogen weder abstehend noch eingedrückt. Die Länge der Laufknochen soll die Brusttiefe überragen (etwa 55 %).

Hintergliedmaßen. Die **Keulen** breit, mit kräftigen Muskeln.

Oberschenkel von der Seite gesehen schräg zum nur wenig längeren Unterschenkel, der sich im Winkel von etwa 120° anschließt. Winkelung entspricht etwa der Vorderhandwinkelung, ohne überwinkelt zu sein.

Sprunggelenk kräftig und fest. Der Hintermittelfuß ist kräftig und bildet mit dem Unterschenkel ein straffes Sprunggelenk. Die Hinterhand muß insgesamt kräftig und gut bemuskelt sein, damit sie in der Lage ist, in der Bewegung den Körper des Hundes mühelos nach vorn zu schieben.

Pfoten. Rundlich, kurz, gut geschlossen und gewölbt. Sohlen sehr hart, aber nicht spröde. Nägel kurz und kräftig, von dunkler Farbe. Wolfsklauen finden sich manchmal an den Hinterläufen und sind in den ersten Tagen nach der Geburt zu entfernen.

Farbe. Schwarz mit regelmäßigen braunen, gelben bis hellgrauen Abzeichen, auch mit schwarzem Sattel, dunkel gewölbt (schwarzer Anflug auf grauem oder lichtbraunem Grunde mit den entsprechenden helleren Abzeichen), schwarz, einfarbig grau oder mit hellen oder braunen Abzeichen. Kleine weiße Brustabzeichen oder sehr helle Innenseiten der Läufe sind zugelassen, aber nicht erwünscht. Die Nasenkuppe muß bei allen

Farbschlägen schwarz sein. Hunde mit wenig oder fehlender Maske, mit gelblichen Augen oder stechend hellen Augen, hellen Abzeichen an Brust und Innenseiten der Läufe sowie weißlichen Krallen und roter Rutenspitze oder verwaschenen weichen Farben gelten als pigmentschwach. Das Grundhaar, die Unterwolle, ist, außer bei schwarzen Hunden, immer leicht grau gefärbt. Die endgültige Färbung der Welpen ist erst nach Durchbruch des Deckhaares bestimmbar.

Behaarung. a. Der **stockhaarige** Deutsche Schäferhund: Deckhaar möglichst dicht. Das einzelne Haar gerade, harsch und fest anliegend. Kopf einschließlich des Ohrinnern, der Vorderseite der Läufe, Pfoten und Zehen kurz, Hals länger und stärker behaart. An der Rückseite der Vorder- und Hinterläufe verlängert sich das Haar bis zur Vorderfußwurzel oder bis zum Sprunggelenk, an den Keulen bildet es mäßige Hosen. Die Länge des Haares ist verschieden, auch finden sich infolge der verschiedenen Haarlängen reichlich Zwischenformen. Zu kurze maulwurfartige Behaarung ist fehlerhaft.

b. Der **langstockhaarige** Deutsche Schäferhund: Das einzelne Haar ist länger, nicht immer gerade und vor allem nicht straff am Körper anliegend. Besonders im Ohrinnern, hinter den Ohren, auf der Rückseite des Unterarmes und meistens in der Lendengegend sind die Haare erheblich länger, sie bilden mitunter Ohrenbüschel und Fahnen ab Ellbogen bis Vordermittelfuß. Die Hosen an den Keulen sind lang und dicht. Die Rute ist buschig, mit leichter Fahnenbildung nach unten. Langstockhaar ist, da nicht so wetterfest wie das normale Stockhaar, nicht erwünscht, bei nur genügender Unterwolle jedoch, sofern es die Zuchtordnung des Landes zuläßt, zur Zucht zugelassen. Bei langstockhaarigen Deutschen Schäferhunden findet sich häufig Engbrüstigkeit und schmale, überstreckte Fangbildung.

c. Der **langhaarige** Deutsche Schäferhund: Das Haar ist erheblich länger als beim langstockhaarigen Hund, zumeist sehr weich und scheitelt sich in der Regel auf dem Rücken. Unterwolle ist nur in der Lendengegend oder überhaupt nicht vorhanden.

Beim langhaarigen Deutschen Schäferhund ist die Wetterfestigkeit und auch die Gebrauchstüchtigkeit erheblich herabgemindert. Deshalb ist Langhaar unerwünscht.

Fehlerhaft. Alle Ausdauer, Gebrauchs- und Leistungsfähigkeit beeinflussenden Mängel, insbesondere dem Geschlecht nicht entsprechendes Gepräge und schäferhundwidriges Wesen wie Teilnahmslosigkeit, Nervenschwäche oder Überreizung, Scheuheit; mangelnde Lebenskraft und Arbeitsfreudigkeit; Monorchismus oder Kryptorchismus und zu kleine Hoden; weiche oder schwammige Konstitution und Gehaltmangel; Farbenverblassung; Bläulinge, albinotische Hunde (Kakerlaken mit völligem Pigmentmangel wie roter Nasenkuppe usw.), Weißlinge, (fast rein weiße Hunde mit schwarzer Nasenkuppe). Maßüber- und -unterschreitungen, Kümmerformen, hochläufige und in der Vorhand überladene Hunde, zu kurze Gesamterscheinung, zu leichter oder plumper Bau, weicher Rükken, steile Stellung der Gliedmaßen sowie alle die Geräumigkeit und Ausdauer des Gangwerkes beeinträchtigende Mängel. Zu kurzer, stumpfer, schwacher, spitziger oder überstreckter kraftloser Fang, Vor- oder Überbeißen oder andere Gebißmängel, namentlich schwaches oder angegriffenes Gebiß. Zu weiche, zu kurze oder zu lange Behaarung und fehlendes Grundhaar (Unterwolle). Hängende und dauernd schlecht getragene Ohren, gestutzte Ohren. Gerollte, geringelte, wie überhaupt schlecht gehaltene Rute, gestutzte Rute (Stummelrute), angeborene kurze Rute.

Der Boxer

Der Name Boxer taucht erstmalig zwischen 1860 bis 1870 auf. Als um 1895 in München einige Männer den Plan faßten, einen Hund als Rasse auf den Schild zu heben, gehörte viel Ausdauer zu diesem Unterfangen. Den Anstoß hierzu gab der 1894 aus Norddeutschland nach München übergesiedelte gebürtige Wiener, Friedrich Roberth.

Zusammen mit seinen Freunden König und Höpner trat Roberth in München systematisch für die Reinzucht des Boxers ein. Dank seiner Bemühungen wurden erstmalig 1895 auf einer St.-Bernhard-Schau in München in einer Versuchsklasse auch Boxer ausgestellt. Den 1. Preis erhielt „Mühlbauers Flocki", der auch später als erster in das Zuchtbuch eingetragen wurde.

Die Rassekennzeichen wurden bereits im Jahre 1905 aufgestellt. 1920 erfolgte eine gründliche Durchsicht. 1925 wurden die schwarzen und weißen Boxer, 1938 die Schecken ausgeschieden.

Allgemeines Erscheinungsbild. Der Boxer ist ein mittelgroßer, glatthaariger, stämmiger Hund mit kurzem, quadratischem Gebäude und starken Knochen. Die Muskulatur ist trocken, kräftig entwickelt und plastisch hervortretend. Die Bewegungen sind lebhaft und voll Kraft und Adel. Der Boxer darf weder plump oder schwerfällig, noch leibarm oder windig erscheinen.

Kopf. Er verleiht dem Boxer das Gepräge, muß in gutem Ebenmaß zum Körper sein und darf weder zu leicht noch zu schwer erscheinen. Der Oberkopf soll möglichst schlank und kantig, ohne hervortretende Bakken, der Fang möglichst breit und mächtig sein. Die Schönheit des

Boxerhündin Henny v. Feldherrenhügel, 4 Jahre alt. Hier ist Schönheit und Leistung vereint (SchH III, IPO III, FH und AD. – Klubsieger, VDH-Champion, Bundes- und Europasieger)

Kopfes beruht auf dem harmonischen Größenverhältnis zwischen Schnauze und Oberkopf. Von welcher Richtung auch der Kopf betrachtet werden möge, von vorn, von oben oder von der Seite, immer muß die Schnauze im richtigen Verhältnis zum Oberkopf stehen, d. h. niemals zu klein erscheinen. Er soll trocken sein, also weder Falten noch Wamme zeigen. Naturgemäß entstehen Falten auf dem Oberkopf beim Stellen der Ohren. Von der Nasenwurzel zu beiden Seiten abwärts verlaufend sind sie stets angedeutet. Die dunkle Maske beschränkt sich auf die Schnauze und muß sich von der Farbe des Kopfes deutlich abheben, damit das Gesicht nicht finster wirkt.

Die **Schnauze** sei mächtig entwickelt in den drei Dimensionen des Raumes, also weder spitz noch schmal, kurz oder flach. Ihre Gestalt wird beeinflußt 1. durch die Form beider Kiefer, 2. durch die Zahnstellung in denselben und 3. durch die Beschaffenheit der Lefzen. Die beiden Kiefer enden vorne nicht in einer senkrechten Ebene, sondern der untere überragt den oberen und biegt sich leicht nach oben: „Der Boxer beißt normalerweise vor.“ Der Oberkiefer ist breit am Oberkopf angesetzt, verläuft auch breit, sich nur wenig verjüngend nach vorn. Beide Kiefer sind also sehr breit. Die Eckzähne möglichst weit voneinander entfernt, die Schneidezähne (6) in einer Reihe, die mittleren nicht vorspringend, im Oberkiefer in einer leicht nach vorn ausgebogenen, im Unterkiefer in einer geraden Linie. Das Gebiß ist kräftig und gesund, die Zähne in möglichst regelmäßiger Anordnung. Die Lefzen vollenden die Gestalt der Schnauze. Die Oberlippe ist dick und wulstig, sie füllt den Hohlraum aus, welcher durch das Hervorragen des Unterkiefers gebildet wird, wobei sie von den Fangzähnen desselben getragen wird. Deshalb müssen diese möglichst weitab voneinander stehen und von guter Länge sein, wodurch die vordere Fläche der Schnauze breit, fast quadratisch wird und mit dem Nasenrücken einen stumpfen Winkel bildet, der untere Saum der Oberlippe sitzt auf dem Saum der Unterlippe auf. Der aufwärts gebogene Teil des Unterkiefers mit der Unterlippe, welchen wir das Kinn nennen, darf die Oberlippe nach vorne weder stärker überragen noch viel weniger oder unter ihr verschwinden, sondern er muß, ohne bulldoggartig vorgestoßen und aufgebogen, sowohl von vorn als von der Seite gut markiert zu sehen sein. Die Zähne des Unterkiefers dürfen bei geschlossenem Fang nicht sichtbar sein, ebensowenig darf der Boxer bei geschlossenem Fang die Zunge zeigen.

Der Oberkopf ist leicht gewölbt, weder kugelig kurz noch flach, und nicht zu breit, der Hinterkopf nicht zu hoch. Die Stirn bildet mit dem Nasenrücken den deutlich markierten Stirnabsatz. Der Nasenrücken soll nicht bulldoggartig in die Stirn getrieben, aber auch nicht abfallend sein. Die Nasenlänge zum Oberkopf verhält sich wie 1:2. Die Nasenspitze liegt etwas höher als die Wurzel. Die Stirn zeigt die schwach angedeutete Stirnfurche, welche aber – besonders zwischen den Augen – nicht zu tief sein darf. Die Backen sind dem kräftigen Gebiß entsprechend kräftig entwickelt, ohne jedoch zu stark „beulenartig“ aus dem Kopf hervorzutreten. Sie gehen vielmehr in leichter Wölbung in den Fang über. Die Ohren hoch angesetzt, spitz kupiert, mäßig lang, die Muschel nicht zu breit und lotrecht getragen.

Soweit in einem Land Kupierverbot besteht, wird gleichrangig das unkupierte Ohr anerkannt. Das dunkle Auge weder zu klein noch hervorquellend oder tiefliegend; es verrät Energie, Reaktionsstärke, soll aber nicht finster, drohend oder stechend erscheinen. Es muß dunkel umrändert sein. Die Nase ist breit und schwarz, ganz leicht aufgestülpt. Nasenlöcher weit, zwischen beiden die Nasenlippenfurche.

Fehler. Mangel an Adel und Ausdruck, finsteres Gesicht, untaugliches Gebiß infolge Krankheit und fehlerhafter Zahnstellung, Pinscher- und Bulldoggkopf, Greifern, schlecht kupierte Ohren, nicht ausgefärbte Nickhaut, Zähne oder Zunge zeigen, helles sog. Raubvogelauge, abfallender Nasenrücken, zu spitzer oder zu leichter Fang, Leder- oder Wetternase, heller Nasenschwamm.

Hals. Rund, nicht zu kurz und dick, sondern von reichlicher Länge, dabei kräftig und muskulös, doch durchaus trocken, ohne Kehlhaut oder Wamme. Er verläuft mit deutlich markiertem Genickansatz in elegantem Bogen zum Rücken.

Fehler. Kehlhaut (Wamme).

Gebäude. Es ist quadratisch, d. h., die Begrenzungslinien – eine waagerechte Rückenlinie und je eine senkrechte die Bugspitze vorn und die Sitzbeinhöcker hinten berührend – bilden mit der Bodenlinie ein Quadrat. Der Rumpf ruht auf stämmigen, geraden Läufen mit kräftigen Knochen.

Brust und Vordergliedmaßen. Die Brust tief, bis zu den Ellenbogen. Die Brusttiefe beträgt die Hälfte der ganzen Höhe des Hundes, die Rippen sind gut gewölbt, aber nicht tonnenförmig gerundet, weit nach hinten reichend. Die Flanke kurz geschlossen und gespannt, leicht aufgeschürzt. Die untere Bauchlinie verläuft in elegantem Schwung nach hinten. Die Schulter lang und schräg, gut geschlossen anliegend, nicht zu stark mit Muskeln bepackt. Der Oberarm lang und zum Schulterblatt in rechtem Winkel liegend. Die beiden Vorderläufe müssen, von vorn gesehen, gerade sein, parallel zueinander stehen und starke, festgefügte Knochen haben. Die Ellenbogen weder zu stark an die Brustwand angedrückt noch abstehend. Der Unterarm senkrecht, lang und stramm bemuskelt. Vorderfußwurzel kurz, gut markiert, doch nicht aufgetrieben. Mittelfuß kurz, nur wenig schräg, fast senkrecht zum Boden stehend. Pfoten klein, mit geschlossenen gewölbten Zehen (Katzenpfoten) und harten Sohlen.

Fehler. Zu breite und niedrige Front, lose Schultern, zwischen den Schultern hängende Brust. Hasenpfoten, hohle Flanken, Hängebauch, gedrehte Läufe und Zehen.

Rücken. Der Widerrist soll gut markiert sein, der ganze Rücken kurz, gerade, breit und stark bemuskelt.

Fehler. Karpfenrücken, Senkrücken, magerer Rücken, lange schmale Lenden. Schwache Verbindung mit der Kruppe.

Hinterhand. Sie ist sehr stark bemuskelt, die Muskulatur bretthart und sehr plastisch durch die Haut hervortretend. Die Keule nicht schmal und flach, sondern breit und gewölbt. Hosenmuskulatur ebenfalls stark entwikkelt. Die Kruppe leicht geneigt, flach gewölbt und breit, Rutenansatz eher hoch als zu tief, Rute kupiert und aufwärts getragen. Das Becken soll lang und besonders bei Hündinnen breit sein. Ober- und Unterschenkel lang, Hüft- und Kniegelenkwinkel möglichst wenig stumpf. Das Knie soll in der Grundstellung so weit nach vorne reichen, daß es eine vom Hüfthöcker zum Boden gezogene Senkrechte noch berührt. Der Sprunggelenkwinkel circa 140°, der kurze Hintermittelfuß (Unterfuß) eine geringe Neigung von 95 bis 100° zum Boden, also nicht vollkommen senkrecht. Von hinten gesehen sollen die Hinterläufe gerade sein. Das Sprunggelenk trocken, nicht aufgetrieben, mit kräftigem Hackenbein, die Zehen meist etwas länger als die vorderen, sonst wie vorne.

Fehler. Abfallendes oder zu gewölbtes oder schmales Kreuz, tiefer Rutenansatz, Überbautsein, steile, zu wenig gewinkelte Hinterhand. Leerschenkeligkeit, Kuhhessigkeit, Faß- oder Säbelbeine, Hackenenge, Afterklauen, weiches Sprunggelenk. Wackeliger, watschelnder Gang, Hasenpfoten, Hinter- und Unterständigkeit.

Größe. Rüden 57 bis 63 cm Schultergröße, Hündinnen 53 bis 59 cm. Es ist Stockmaß im Stand und wird vom Widerrist am Ellenbogen vorbei bis zum Boden gemessen.

Gewicht. Rüde von etwa 60 cm soll über 30 kg, Hündin von etwa 56 cm soll etwa 25 kg wiegen.

Haar. Kurz, glänzend und hart anliegend.

Farbe. Die Farben sind gelb und gestromt. Gelb kommt in verschiedenen Tönen vor, dunkel hirschrot bis hellgelb, jedoch sind die mittleren Zwischenstufen die schönsten (rotgelb). Die Maske ist schwarz, sie muß sich jedoch auf die Schnauze beschränken, damit das Gesicht nicht finster und unfreundlich wird.

Die gestromte Varietät hat auf gelbem Grunde in den obigen Abstufungen dunkle oder schwarze Querstreifen in der Richtung der Rippen. Grundfarbe und Streifen müssen sich deutlich voneinander abheben. Die Streifen dürfen weder zu dicht noch vereinzelt, die Grundfarbe nicht schmutzig sein und beide sich nicht undeutlich miteinander vermischen, so daß die streifige Zeichnung verschwindet. Weiße Abzeichen sind nicht zu verwerfen, sie können sogar recht ansprechend wirken. Unschöne weiße Abzeichen wie ganz oder halbseitig weißer Kopf etc. sind fehlerhaft. Alle andersfarbigen Boxer sowie solche, deren Grundfarbe mehr als ein Drittel weiß ist, entsprechen nicht dem Standard.

Das Wesen. Das Wesen des Boxers ist sensibel und bedarf sorgsamster Pflege. Seine Anhänglichkeit und Treue zum Herrn und dem ganzen Haus, seine Wachsamkeit und sein unerschrockener Mut als Verteidiger und Beschützer sind berühmt. Er ist harmlos in der Familie, aber mißtrauisch gegen Fremde und heiteren und freundlichen Temperaments beim Spiel.

Er ist leicht auszubilden wegen seiner Unterordnung, seines Mutes, seiner natürlichen Schärfe und seiner Riechfähigkeit.

Bei seiner Anspruchslosigkeit und Reinlichkeit ist er gleich angenehm und wertvoll in der Familie wie als Schutz-, Begleit- oder Diensthund. Sein Charakter ist bieder, ohne Falschheit und Hinterlist, auch im höheren Alter.

Fehler. Bösartigkeit, Hinterlist, Unzuverlässigkeit, Mangel an Temperament, Feigheit.

Der Rottweiler

Der Rottweiler zählt mit zu den ältesten Hunderassen, sein Ursprung geht bis in die Römerzeit zurück. Er wurde dort als Kampf-, Herden- und Treiberhund gehalten. Die Hunde zogen mit den römischen Legionen über die Alpen, beschützten die Menschen und trieben das Vieh. Im Raum um

Rottweilerrüde – als Polizeidiensthund bestens bewährt

Rottweil trafen diese Hunde mit den heimischen Hunden zusammen. Hier erfolgte dann eine Vermischung. Die Hauptaufgabe des Rottweilers wurde nun das Treiben und Bewachen von Großviehherden und die Verteidigung seines Herrn und dessen Eigentum. Nach der alten Reichsstadt Rottweil erhielt er den Namen „Rottweiler Metzgerhund“.

Die Metzger züchteten diesen Hundeschlag nur auf Leistung und für ihren Verwendungszweck. So entstand im Laufe der Zeit ein hervorragender Kampf-, Hüte- und Treibhund, der sogar als Zughund Verwendung fand.

Bedingt durch den immer geringer werdenden Viehtrieb, geriet auch der Rottweiler in der Mitte des 19. Jahrhunderts etwas ins Abseits. Erst als man zu Beginn des 20. Jahrhunderts Hunderassen für den Polizeidienst suchte, kam man auch wieder auf den Rottweiler, und es zeigte sich sehr schnell, daß dieser Hund dafür hervorragend geeignet war. Im Jahre 1910 wurde er deshalb als Polizeihund offiziell anerkannt.

Heute hat der Rottweiler ein großes Verbreitungsgebiet. Er wird bei der Polizei, beim Zoll und bei der Bundeswehr geführt. Aber auch als Familienhund und als Hund des Hundesportlers erfreut er sich großer Beliebtheit.

Allgemeines Erscheinungsbild. Der Rottweiler ist ein über mittelgroßer, stämmiger Hund, weder plump noch leicht, nicht hochläufig oder windig. Seine im richtigen Verhältnis stehende, gedrungene und kräftige Gestalt läßt auf große Kraft, Wendigkeit und Ausdauer schließen. Seine Erscheinung verrät Urwüchsigkeit, sein Verhalten ist selbstsicher, nervenfest und unerschrocken. Sein ruhiger Blick bekundet Gutartigkeit. Er reagiert mit hoher Aufmerksamkeit auf seine Umwelt.

Größe. Widerristhöhe bei Rüden 61 bis 68 cm, bei Hündinnen 56 bis 63 cm. Das Maß der Rumpflänge, gemessen vom Brustbein bis zum Sitzbeinhöcker, sollte das der Widerristhöhe höchstens um 15 % überschreiten.

Kopf. Mittellang, der Schädel zwischen den Ohren breit, in der Stirnlinie, seitlich gesehen, mäßig gewölbt. Hinterhauptstachel gut entwickelt, ohne stark hervorzutreten, kräftiger, breiter Ober- und Unterkiefer, Stirnabsatz und Jochbogen ausgeprägt. Von der Nasenkuppe bis zum inneren Augenwinkel 40 %, vom inneren Augenwinkel bis zum Hinterhauptbein 60 % der Gesamtkopflänge. Die **Kopfhaut** liegt überall straff an und darf bei hoher Aufmerksamkeit leichte Stirnfalten bilden. Erstrebt wird der faltenlose Kopf.

Lefzen. Schwarz, fest anliegend, Lefzenwinkel geschlossen. Zahnleiste dunkel, bei älteren Tieren Aufhellung.

Nase. Nasenrücken gerade, mit breitem Ansatz und mäßiger Verjüngung. Nasenkuppe gut ausgebildet, eher breit als rund, mit verhältnismäßig großen Öffnungen, stets von schwarzer Farbe.

Auge mittelgroß, mandelförmig, von tiefbrauner Farbe; Lider gut anliegend.
Ohren möglichst klein, hängend, dreieckig, weit voneinanderstehend, hoch angesetzt. Der Oberkopf erscheint bei nach vorn gelegenen, gut anliegenden Ohren verbreitert.
Gebiß stark und vollständig (42 Zähne), die oberen Schneidezähne greifen scherenartig über die des Unterkiefers.
Hals. Kräftig, mäßig lang, gut bemuskelt, mit leicht gewölbter Nackenlinie aus der Schulter herauswachsend, trocken, ohne Wamme oder loser Kehlhaut.
Rumpf. Geräumige, breite und tiefe Brust mit gut entwickelter Vorbrust und gut gewölbten Rippen. Rücken gerade, kräftig, stramm. Lendenpartie kurz, kräftig und tief. Flanken nicht aufgezogen. Kruppe breit, von mittlerer Länge, in leichter Rundung verlaufend, weder gerade noch stark abfallend.
Rute. Kurz kupiert.

Drei, die sich gut verstehen

Vorhand. Zeigt eine lange, gut gestellte Schulter. Oberarm gut am Rumpf anliegend, doch nicht allzu straff. Unterarm kräftig und bemuskelt. Vordermittelfuß leicht federnd, kräftig, nicht steil. Pfoten rund, gut geschlossen und gewölbt. Sohlen hart, Nägel kurz, schwarz und stark.

Die Vorderläufe sind, von vorn gesehen, gerade und nicht enggestellt. Die Unterschenkel stehen, seitlich gesehen, gerade. Die Neigung des Schulterblattes zur Waagerechten beträgt etwa 45°, der Winkel Schulterblatt–Oberarm etwa 115°.

Hinterhand. Oberschenkel mäßig lang, breit und stark bemuskelt. Unterschenkel lang, kräftig und breit bemuskelt, sehnig in ein kraftvolles Sprunggelenk übergehend, gut gewinkelt, nicht steil. Pfoten etwas länger als die Vorderpfoten, ebenso gut geschlossen, gewölbt, mit starken Zehen, ohne Afterkrallen.

Von hinten gesehen sind die Hinterläufe gerade, nicht eng gestellt. Im zwanglosen Stand bilden Oberschenkel zum Hüftbein, Oberschenkel zum Unterschenkel und Unterschenkel zum Mittelfuß einen stumpfen Winkel. Die Neigung des Hüftbeines ist etwa 20 bis 30°.

Behaarung. Bestehend aus Deckhaar und Unterwolle. Deckhaar (Stockhaar) mittellang, derb, dicht und straff anliegend, die Unterwolle darf nicht daraus hervortreten. An den Hinterläufen ist die Behaarung etwas länger. Die Farbe ist Schwarz mit gut abgegrenzten Abzeichen (Brand) von satter, rotbrauner Färbung an Backen, Fang, Halsunterseite, Brust und Läufen sowie über den Augen und unter der Rutenwurzel.

Gangart. Der Rottweiler ist ein Traber. In dieser Bewegung vermittelt er den Eindruck von Kraft, Ausdauer und Entschlossenheit. Der Rücken bleibt fest und relativ ruhig. Der Ablauf der Bewegung ist harmonisch, sicher, kraftvoll und ungehemmt, bei guter Schrittweite.

Wesensbild. Das Wesen des Rottweilers besteht aus der Gesamtheit aller angeborenen und erworbenen körperlichen und seelischen Anlagen und den Eigenschaften und Fähigkeiten, die sein Verhalten zu seiner Umwelt bestimmen und regeln.

Seiner psychischen Verfassung entsprechend ist er von freundlicher, friedlicher Grundstimmung, sehr anhänglich, gehorsam, führig und arbeitsfreudig. Temperament, Bewegungs- und Betätigungstrieb liegen auf mittlerer Höhe. Gegenüber unangenehmen Einflüssen ist er hart, unerschrocken und nervenfest. Seine Sinnesorgane sind zweckmäßig entwikkelt. Seine Affekte sind gut ansprechbar, und seine Lernfähigkeit ist ausgezeichnet. Er gehört zum starken, ausgeglichenen Typ. Wegen seines geringen Mißtrauens, seiner mittleren Schärfe und seiner hohen Selbstsicherheit reagiert er auf Umwelteinflüsse ruhig und abwartend. Bei einer Bedrohung tritt seine Wehrhaftigkeit aufgrund seines hochentwickelten

Schutztriebes sofort in Aktion. Schmerzhaften Einwirkungen hält er furchtlos und unerschrocken stand. Endet die Bedrohung, so klingt die Kampfstimmung verhältnismäßig schnell ab und wechselt in friedliche Stimmung über.

Zu seinen weiteren Vorzügen gehören: Haus- und Hofgebundenheit, wehrhafte Wachsamkeit, gute Spürfähigkeit. Seine Ausdauer ist hoch, er ist wasserfreudig und kinderlieb. Ausgesprochene Jagdpassion besitzt er nicht.

Der Airedaleterrier

Der Airedaleterrier war in den früheren Jahren schon unter dem Beinamen „Kriegshund bzw. Petroleumhund" als Diensthund in der Armee bekannt. So hat er sich schon im Boxer-Aufstand in China (1899–1900), im russisch-japanischen Krieg (1904–1905) und im Ersten Weltkrieg ebenso

Arne – Schönheit und Leistung sind die Voraussetzung für den Titel „Deutscher Champion"

als Melde- wie als Sanitätshund durch Mut, stete Bereitschaft, Zuverlässigkeit und Treue ausgezeichnet. Auch im Zweiten Weltkrieg wurde er eingesetzt, und noch heute leistet er wertvolle Dienste beim Zoll und der Polizei als Gebrauchshund. Die Rasse entstand um die Mitte des vergangenen Jahrhunderts in der Grafschaft Yorkshire in Mittelengland. Hier wurde der Hund zunächst als Jagdhund, hauptsächlich für die Wasserjagd, aber auch als Apportierhund eingesetzt.

Seine Abstammung ist heute nicht mehr genau zu rekonstruieren. Wahrscheinlich entwickelte sich die Rasse aus regional beheimateten Terriern und dem Otterhund. Aus dem zunächst als unansehnlich, ja sogar häßlich beschriebenen Hund ist im Laufe der Jahrzehnte ein sehr anmutiger Terrier geworden.

Bereits vor hundert Jahren kamen die ersten Airedales nach Deutschland. Seitdem sind mehr als 115 000 in das Zuchtbuch des Klubs für Terrier e. V. eingetragen. Der Airedaleterrier soll sich durch Unerschrockenheit, Wachsamkeit und Mut auszeichnen, ohne aggressiv zu sein. Sein Äußeres soll durch seine gute Form beeindrucken. Er ist kinderfreundlich, friedfertig mit anderen Hunden, sehr anhänglich und trotz seiner Größe ein vorzüglicher Haushund. Obwohl temperamentvoll, ist das Wesen des Airedaleterrier ausgeglichen, und sein Naturell macht ihn zu einem echten Beschützer seines Besitzers.

Er hat ein doppeltes Haarkleid: festes, hartes, leicht gewelltes Deckhaar und weiche Unterwolle. Seine Fellfarben sind Schwarz-lohbraun. Das Haar wird regelmäßig getrimmt. Die Rute ist kupiert.

Allgemeines Erscheinungsbild. Größte der (englischen) Terrierrassen. Ein muskulöser, aktiver, ziemlich kompakter Hund ohne Anzeichen von Hochläufigkeit oder unverhältnismäßiger Körperlänge. Der allgemein vorbildliche englische FCI-Standard enthält folgende Einzelheiten:

Charakteristika. Forsch im Ausdruck, schnell in der Bewegung, jederzeit voll gespannter Erwartung. Sein Wesen wird gekennzeichnet und unterstrichen durch den Ausdruck der Augen, durch die Art, die Ohren zu tragen und durch die aufrechte Rutenhaltung. Er ist offen und vertrauensvoll, freundlich, couragiert und reaktionsstark, stets wachsam, nicht aggressiv, aber furchtlos.

Kopf und Schädel. Schädel lang und flach, nicht zu breit zwischen den Ohren und zu den Augen hin geringfügig schmaler werdend. Gut proportioniert, ohne deutlichen Unterschied in der Länge von Schädel und Vorgesicht. Ohne Stirnfalten, mit kaum wahrnehmbaren Stop. Backen flach, nicht ausgeprägt. Vorgesicht gut ausgefüllt, vor den Augen nicht einfallend oder rasch verjüngt. Jedoch soll eine feine Modellierung einen keilförmigen, nichtssagenden Ausdruck vermeiden. Ober- und Unterkie-

fer tief, kraftvoll, stark und muskulös, da Stärke des Vorgesichts erwünscht ist. Dagegen ist eine übermäßige Entwicklung der Kieferbögen, die eine rundliche oder hervortretende Backenbildung bedingen würde, unerwünscht. Lefzen gut geschlossen, Nase schwarz.
Augen. Von dunkler Farbe, klein, nicht hervortretend, voller Terrierausdruck, Kühnheit und Intelligenz. Helles oder hervortretendes Auge ist höchst unerwünscht.
Ohren. V-förmig, seitlich getragen, klein, aber zur Größe des Hundes passend. Die obere Linie des gefalteten Ohres befindet sich knapp über der Schädellinie. Herabhängende oder zu hoch angesetzte Ohren sind unerwünscht.
Gebiß. Kräftiger Kiefer mit einem perfekten, regelmäßigen und vollständigen Scherengebiß, wobei die obere Schneidezahnreihe ohne Zwischenraum über die untere greift und die Zähne senkrecht im Kiefer stehen. Ein Zangengebiß kann akzeptiert werden. Rück- und Vorbiß sind unzulässig.
Hals. Trocken und muskulös, von durchschnittlicher Länge und Stärke, allmählich in die Schultern übergehend, ohne Kehlhaut.
Vorhand. Schultern lang, gut zurückliegend, schräg gelagert. Schulterblätter flach. Vorderläufe ganz gerade mit guter Knochensubstanz. Ellenbogen lotgerecht zum Körper, frei an den Schultern arbeitend.
Körper. Rücken kurz, kräftig, gerade und eben, ohne Schlaffheit, Lendenpartie muskulös. Rippen gut gewölbt. Bei kurzen und gut aufgerippten Hunden bleibt wenig Raum zwischen den letzten Rippen und den Hüften. Bei einem weniger geschlossenen Hund wird sich gerade hier eine Schwäche zeigen. Brust tief, etwa bis zu den Ellenbogen reichend, aber nicht zu breit.
Hinterhand. Oberschenkel lang und kräftig, mit bemuskelten Unterschenkeln und gut gewinkelten Kniegelenken, die weder nach innen noch nach außen gedreht werden. Tiefstehende Sprunggelenke, von hinten betrachtet parallel zueinander.
Pfoten. Klein, rund und kompakt, mit gut ausgebildeten Ballen, gut gepolstert, mit gut gebogenen Zehen, weder nach innen noch nach außen gestellt.
Rute. Hoch angesetzt und fröhlich getragen, jedoch nicht über den Rücken gezogen, von guter Stärke und Substanz. Üblicherweise kupiert. Die Spitze soll in etwa die gleiche Höhe erreichen, in der sich das Hinterhauptbein befindet.
Bewegung. Läufe gerade vorwärts greifend. Die Vorderläufe werden frei und parallel zur Seitenlinie bewegt. Beim herankommenden Hund sollen die Vorderläufe eine Fortsetzung der geraden Linie der Front bilden, wobei die Pfoten denselben Abstand voneinander haben wie die Ellenbogen. Die Schubkraft kommt aus der Hinterhand.

Haar. Hart, dicht und drahtig, nicht so lang, daß es struppig wirkt. Glatt und flach anliegend, Körper und Läufe bedeckend. Deckhaar hart, drahtig straff, Unterwolle kürzer und weicher. Das härteste Haar kringelt sich oder ist leicht gewellt. Lockiges oder weiches Haar ist höchst unerwünscht.
Farbe. Sattel schwarz oder grizzle, ebenfalls Nacken und Oberseite der Rute. Alle anderen Körperpartien lohfarben. Die Ohren sind oftmals dunkler im Loh. Dunklere Schattierungen findet man gelegentlich auch am Hals und an den Schläfen. Einige weiße Haare zwischen den Vorderläufen können akzeptiert werden.
Größe. Schulterhöhe etwa 58 bis 61 cm bei Rüden, 56 bis 58,5 cm für Hündinnen.
Fehler. Jede Abweichung von den vorgenannten Punkten sollte als Fehler angesehen werden, dessen Bewertung im genauen Verhältnis zum Grad der Abweichung stehen sollte.

RS-Hündin Raska v. Bartenwetzer – hier stimmt alles: Anatomie, Typ und Wesen

Der Riesenschnauzer

Die ersten Züchter von Riesenschnauzern waren bestimmt keine Schönheitsfanatiker, jedoch erkannten sie damals bereits die vorzüglichen Eigenschaften wie Wachsamkeit, Wesen, Treue, gepaart mit Mißtrauen gegen Fremde. Unter den für den Polizeidienst geeigneten Rassen wurde bereits 1908 schon der „Münchener" auch „Riesenschnauzer" genannt. Später wurde dann die Bezeichnung Diensthundrasse erst auf besonderen Beschluß des Deutschen Kartells für das Hundewesen nach gezeigten Leistungen vergeben.

Im Laufe dieser Bewegung entstand auch die staatliche Zucht- und Abrichte-Anstalt in Grünheide i. d. Mark. Der damalige Leiter, der Oberst der Schutzpolizei, Schönherr, war ein begeisterter Schnauzerfreund und auch Mitglied des Klubs. Aus persönlichen Gesprächen mit Schönherr, der mein Vorgänger im Amt war, ist mir bekannt, daß er damals den Riesenschnauzer für eine der besten Dienst- und Gebrauchshunderassen hielt. So kam es auch, daß zeitweise bis zu 60 Riesenschnauzer in Grünheide waren und sich durch beste Arbeitsleistungen auszeichneten. Grünheide war ein Baustein für die Zucht des Riesenschnauzers.

Allgemeines Erscheinungsbild. Der Riesenschnauzer ist das vergrößerte und verstärkte Abbild des Schnauzers, im ganzen ein trutzig-wehrhafter Hund von respekteinflößendem Aussehen.

Typische Wesenszüge sind sein unerschrockenes Draufgängertum, das mit Ruhe und Besonnenheit gepaart ist, seine Gutartigkeit und unbestechliche Treue zum Herrn.

Hoch entwickelte Sinnesorgane, Klugheit, Ausbildungsfähigkeit, Kraft, Ausdauer, Schnelligkeit und Widerstandsfähigkeit gegen Witterung und Krankheiten befähigen den Riesenschnauzer zum harten, zähen Dienst- und Gebrauchshund.

Der **Kopf** ist kräftig, langgestreckt, ohne stark hervortretendes Hinterhauptbein, von den Augen bis zur Nasenspitze allmählich schmal werdend. Die Gesamtlänge (Nasenspitze bis Hinterhauptbein) verhält sich zur Rükkenlange (Widerrist bis Rutenansatz) ungefahr wie 1:2. Er soll zur Wucht des Hundes passen. Der Stirnansatz (Stop) erscheint durch die Brauen deutlich ausgeprägt, der gerade Nasenrücken verläuft parallel zur Verlängerungslinie der faltenlosen, flachen Stirn. Die Kaumuskulatur ist kräftig entwickelt, doch darf keine stark ausgeprägte Backenbildung die rechteckige Kopfform (mit Bart) stören. Der Fang endet in einem mäßig abgestuften Keil. Die Nasenkuppe ist voll und schwarz, die Lippen sollen gut anliegen, sie sind bei beiden Farbschlägen schwarz.

Gebiß. Das vollständige Scherengebiß ist rein weiß, äußerst kräftig und gut schließend.

Ohren. Kupiertes Ohr: hoch angesetzt, gleichmäßig geschnitten, aufrecht getragen. Unkupiertes Ohr: hoch angesetzt, V-förmig mit Klappfalte oder kleines Stehohr, gleichmäßig aufrecht getragen.
Augen. Die dunklen Augen sind oval, nach vorn gerichtet. Das untere Augenlid liegt an, so daß die Bindehaut nicht sichtbar ist.
Hals. Der edel geschwungene Hals ist kräftig aufgesetzt und zur Wucht des Hundes passend, er darf nicht kurz und nicht dick sein. Der starke Nacken ist erhaben gewölbt, die Kehlhaut liegt straff und faltenlos an (trockener Hals).
Rumpf. Die Brust ist mäßig breit, flachgerippt und im Querschnitt oval. Sie reicht bei guter Wölbung bis über die Ellenbogenhöhe. Die Vorbrust ist durch den die Schultergelenke überragenden Anfang des Brustbeins, das Schultergelenk und das Oberarmbein markant ausgebildet. Die Unterbrust steigt nach rückwärts leicht an und geht in den mäßig aufgezogenen Bauch über. Der Abstand vom letzten Rippenbogen bis zur Hüfte ist kurz, damit der Hund geschlossen wirkt. Die Gesamtlänge des Rumpfes entspricht ungefähr der Widerristhöhe. Der Rücken ist kurz, leicht abfallend. Die obere Begrenzungslinie ist nicht nur schnurgerade, sondern zeigt einen leichten, edlen Schwung, der durch den kräftigen ersten Wirbel des Widerristes, den Rücken und die leicht abgerundete Kruppe bis zum Rutenansatz gebildet wird.
Rute. Die Rute ist hoch angesetzt und wird aufwärts getragen, sie wird etwa 3 Glieder geschnitten.
Vordergliedmaßen. Die schräg gestellten Schulterblätter und der Oberarm sind gut gewinkelt und flach, aber kräftig bemuskelt. Die Vorderläufe sind als starke, allseits gerade Stützen ausgebildet, die Ellenbogen liegen an.
Hintergliedmaßen. Die Keulen sind schräg gestellt und kräftig bemuskelt, die Sprunggelenke sind ausgeprägt gewinkelt.

Die **Pfoten** sind kurz, rund und haben fest geschlossene, nach oben gewölbte Zehen (Katzenpfoten) mit dunklen Nägeln und zähen, harten Sohlen.

Das **Haarkleid** ist rauhborstig. Es soll drahtig hart und dicht sein. Es besteht aus einer dichten Unterwolle und dem keineswegs zu kurzen, harten Deckhaar. Das Deckhaar ist rauh, weder struppig noch gewellt. Das Kopf- und Beinhaar ist ebenfalls hart, an der Stirn und an den Ohren etwas kürzer. Als typisches Kennzeichen bildet es den harschen Bart am Fang und die buschigen Brauen, die die Augen leicht überschatten.
Farbe. Die Farben sind rein Schwarz oder Pfeffer-Salz. Für letztere gilt als Zuchtziel eine mittlere Tönung mit gleichmäßig verteilter, gut pigmentierter Pfefferung und grauer Unterwolle. Zugelassen sind die Farbnuancen

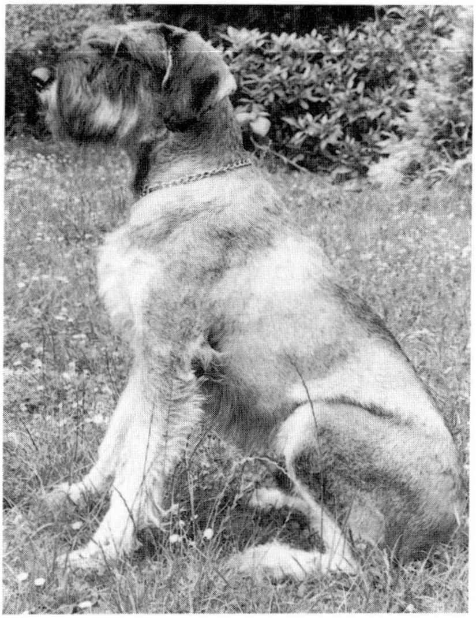

RS-Rüde Joschka v. d. schwarzen Raben. Pfeffersalzfarben, d. h. grau. Ein wuchtiger, kompakter und nervlich einwandfreier Vertreter seiner Rasse

von dunklem Eisengrau bis zum Silbergrau. Alle Farbspiele müssen eine den Ausdruck unterstreichende dunkle Maske aufweisen, die sich harmonisch dem jeweiligen Farbschlag anpassen soll. Weiße Abzeichen am Kopf, auf der Brust und an den Läufen sind unerwünscht.

Größe. Die Widerristhöhe liegt zwischen 60 und 70 cm.

Fehler. Plumper oder leichter, niedriger oder hochläufiger Bau; schwerer oder runder Oberkopf, Stirnfalten, tief angesetzte Ohren, helles und zu großes oder rundes Auge, stark hervortretende Backenknochen und lose Kehlhaut. Hirschhals, Auf-, Vor- und Rückbeißer, Staupegebiß, kurzer, spitzer oder schmaler Fang; zu langer, aufgezogener oder weicher Rücken, Karpfenrücken, abfallende Kruppe, Hasenrute, nach außen gedrehte Ellenbogen, nach innen gedrehte Hacken, steile oder faßbeinige Hinterhand, lange Pfoten, Paßgang, zu kurzes, langes, weiches gewelltes, zottiges, seidiges, weißes oder fleckiges Haar oder sonstige Farbbeimischungen, Aalstrich, schwarter Sattel und Stichelung, Terrierausdruck.

Der Dobermann

Der Dobermann ist in seiner Zuchtgeschichte noch verhältnismäßig jung. Mitte des 19. Jahrhunderts züchtete in Thüringen Friedrich Louis Dobermann zu seinem persönlichen Schutz seine eigene Hunderasse. Schon nach einigen Zuchtgenerationen konnte er mit einem konstanten Erscheinungsbild aufwarten. Anfang des 20. Jahrhunderts wurden zwar einige andere Hunderassen in den bereits vorhandenen Dobermann eingekreuzt. Doch bald zeigte sich, daß dieses nicht mehr nötig war.

Dobermann, der Begründer der Züchtung dieser Rasse, hat zielstrebig auf einen typischen Gebrauchshund hingewirkt. Die Rasse ist treu, furchtlos, nervenfest, wachsam und mutig.

Auf Grund seines Mutes, seiner natürlichen Schärfe, seines vorzüglichen Geruchsinns, seiner Arbeitsfreudigkeit und seines Gehorsams ist er leicht auszubilden. Der Dobermann will arbeiten und braucht dementsprechend Bewegung.

Allgemeines Erscheinungsbild. Der Dobermann ist mittelgroß, kräftig und muskulös gebaut. Durch die elegante Linienführung seines Körpers, die stolze und aufgereckte Haltung, das temperamentvolle Wesen und den Ausdruck von Entschlossenheit entspricht er dem Idealbild eines Hundes der normalen Anatomie. Sein Gebäude erscheint fast quadratisch, besonders bei den Rüden.

Kopf. Der Kopf soll sich vom Hals gut sichtbar absetzen. Im Profil und von oben gesehen entspricht der Kopf des Dobermanns einem gestreckten, stumpfen Keil. Die Haut liegt straff auf den Knochen und flachen Muskeln, so daß eine feine Modellierung hervortritt (trocken). Von vorn und von der Seite gesehen wirkt der Schädel flach. Das obere Kopfprofil wird durch zwei parallel zueinander verlaufende Linien (Nasenbein-/Stirnbeinlinie) gebildet, die vor den Augen durch den seichten Absatz des Stirnbeines (Stop) unterbrochen werden. Die Linien des oberen Kopfprofils steigen von der Nase bis zur Scheitelgegend an. Die Stirnbeinlinie fällt dann zum Nacken in leichter Rundung ab. Der Fang ist tief und breit, mit straffem Lippenschluß. Das weiße Gebiß ist vollzählig (42 Zähne) und als Schere ausgebildet. Die Querlinie des Scheitels soll von vorn gesehen waagerecht verlaufen, also nicht zu den Ohren abfallen. Das Auge ist mittelgroß und oval. Die Farbe der Augen ist möglichst dunkel, die Farbe der Nase ist Schwarz. Für braune und blaue Hunde ist hierfür eine hellere Tönung erlaubt, jedoch sollen Augen und Nase entsprechend dunkel wirken. Das hoch angesetzte Ohr wird aufrecht getragen und ist auf eine Länge im Verhältnis zum Kopf geschnitten. Soweit in einem Land Kupierverbot besteht, wird gleichrangig das unkupierte Ohr anerkannt.

Der **Hals** ist im Verhältnis zum Körper und Kopf von guter Länge. Er ist trocken und muskulös. Vom Brustkorb und von den Schultern kommt seine Linienführung aufsteigend und gefällig gebogen. Seine Haltung ist aufrecht und zeigt viel Adel.

Vorderhand. Die Vorderläufe stehen von allen Seiten gesehen gerade, d. h. senkrecht zum Boden und sind kräftig ausgebildet. Der Oberarmknochen bildet mit dem langen, schrägliegenden Schulterblatt annähernd einen rechten Winkel. Das Schulterblatt liegt fest am Brustkorb an, ist gut bemuskelt und überragt oben die Dornfortsätze der Brustwirbel. Das Ellenbogengelenk, gebildet durch den Ober- und Unterarm, liegt fest an. Der Vordermittelfuß ist weder nach innen noch nach außen gedreht. Die Vorderpfote ist kurz und geschlossen. Die Zehen sind nach oben gewölbt (Katzenpfoten).

Rumpf. Der Rücken ist kurz und fest. Der Widerrist soll besonders bei den Rüden stark ausgeprägt sein und durch seine Höhe und Länge den zur Kruppe abfallenden Verlauf der Rückenlinie bestimmen. Die Nierenpartie ist gut bemuskelt. Der ganze Rücken ist von entsprechender Breite. Die Kruppe, die durch die Kreuzwirbel gebildet wird, ist abgerundet und nicht abfallend. Die leicht gewölbten Rippen reichen noch unter das Ellenbogengelenk, wobei aber die Stellung des Oberarmes und der Schulter berücksichtigt werden muß. Die Brusttiefe muß auf jeden Fall im richtigen Verhältnis zur Rumpflänge stehen und soll vom Widerrist zum Boden gemessen 50 % der Gesamthöhe nicht unterschreiten. Die Brust ist von guter Breite und nach vorn besonders ausgeprägt. Diese sogenannte Vorbrust ist von dem vorderen Teil des Brustbeines (Habichtsknorpel), das die Schultergelenke nach vorn überragt, abhängig. Vom hinteren Ende des Brustbeines zum Becken ist der Leib deutlich aufgezogen, so daß die untere Rumpflinie sich leicht geschwungen zeigt. Die Höhe (vom Boden bis Widerrist) beträgt bei Rüden 68 cm, Höchstmaß 70 cm, bei Hündinnen soll die Höhe 63 bis 66 cm betragen, Höchstmaß 67 cm. Die Hündin kann im Rumpf etwas länger als der Rüde sein, da sie für das Gesäuge Platz benötigt.

Hinterhand. Die Oberschenkel sind von guter Breite, stark bemuskelt und bilden jeweils mit dem Unterschenkel sowie mit der Kniescheibe das kräftige Kniegelenk. Diese Winkelung beträgt etwa 130°. Die Sprunggelenke sind kräftig ausgebildet, stehen parallel zueinander und bilden mit den senkrecht zum Boden stehenden Mittelfußknochen einen stumpfen Winkel. Die Pfoten sind, wie bei der Vorhand, kurz, gewölbt und geschlossen. Afterklauen sind nicht statthaft.

Gangwerk. Der Gang ist elastisch, elegant, wendig, frei und raumgreifend. Die Vorderbeine schwingen weit vor. Die Hinterhand gibt weit ausgrei-

Champion Graf Guido vom Franckenhorst

fend und federnd die erforderliche Schubkraft. Der Hund setzt das Vorderbein der einen und das Hinterbein der anderen Seite zugleich vor.

Fell. Das Haar ist kurz, hart und dicht. Es liegt fest und glatt an. Die Farbe ist Schwarz, Dunkelbraun oder Blau mit rostrotem, scharf abgegrenztem und sauberem Brand. Der Brand befindet sich am Fang, an den Lippen, als Fleck auf den Backen und oberen Augenlidern, an der Kehle, zwei Flecken auf der Brust, an den Mittelfüßen und Pfoten, an den Innenseiten der Hinterschenkel, am After und Sitzbeinhöcker.

Eigenschaften. Der Dobermann ist treu, furchtlos, nervenfest, wachsam und mutig. Aufgrund seiner Reaktionsfähigkeit, seiner natürlichen Schärfe, seines vorzüglichen Geruchsinns, seiner Arbeitslust und seines Gehorsams ist er leicht abzurichten. Er eignet sich vorzüglich als Haus-, Begleit-, Schutz- und Gebrauchshund.

Fehler. Wölbung des Nasen- oder Stirnbeines und der Schädelknochen (Ramsung), zuviel oder zuwenig Stirnabsatz (Stop); kurzer, dicker Kopf (Backenbildung), spitzer Fang, Lefzenbildung, zu hoch oder zu tief angesetzte Ohren, Gebißfehler (weniger als zweiundvierzig Zähne). Rück- oder Vorbiß, Schlitzauge, vorstehende, zu tief liegende oder helle Augen. Kurzer, dicker Hals, Kehlhaut, Wamme. Leichte Knochen, kurze, lose und steile Schulter, ausgedrehtes Ellenbogengelenk, zehenenger oder zehenweiter Stand (franz. Stand), lange, offene oder weiche Pfoten.

Zu langer Rücken, Senk- oder Karpfenrücken, abfallende Kruppe, tonnenförmige Brust, Flachrippigkeit, nicht genügend Brusttiefe, fehlende Vorbrust, zu schmale Brust. Schlechte Winkelung der Hinterhand, Sprunggelenke aus- oder einwärts gedreht (faßbeinige Stellung, Kuhhessigkeit). Einhodigkeit (Kryptorchismus). Wackeliger, unfreier, trippelnder Gang, Paßgang. Langes, weiches, welliges Haar. Zu heller, nicht scharf abgegrenzter, unsauberer (rußiger) Brand. Weiße Abzeichen, sichtbare Unterwolle. Scheues Wesen, nervöse Erscheinung, Feigheit.

Rüden sollten zwei offensichtlich normal entwickelte Hoden aufweisen, die sich vollständig im Skrotum befinden.

Der Hovawart

Hovawarte sind Hunde, die durch Form- und Farbschönheit den besten Eindruck hinterlassen. Hovawart, ein Name, der schon im Sachsenspiegel des Eike von Repgow (um 1230) genannt wird. Der Name stammt aus dem Mittelhochdeutschen: Hova = der Hof und wart = der Wächter. Zeitgenössische Bilder und Bemerkungen lassen vor uns einen Hund entstehen, der hängeohrig, langhaarig und mit buschiger Rute ausgestattet ist. Er erscheint in den Farben Schwarz, Schwarz-markenfarbig (Schwarz mit Blond) und Blond, wobei Dunkelblond vorzuziehen ist.

Die Züchtung des heutigen Hovawartes geschah von vornherein im Hinblick auf einen Gebrauchshund, der neben seiner guten Veranlagung auch noch schön sein sollte. Der Hovawart wurde erst vor einigen Jahren vom VDH als Gebrauchshunderasse anerkannt. Lange vor Anerkennung als Gebrauchshunderasse habe ich einen Hovawart als Diensthund geführt, denn die ersten Versuche, diese Rasse überhaupt als Diensthund bei der Polizei einzuführen und zu verwenden, wurden in Schleswig-Holstein unternommen (1953). Mein Diensthund „Major“ hat sich bedarfsgerecht ausbilden lassen und im Dienst bestens bewährt.

Allgemeines Erscheinungsbild. Der Hovawart ist ein kraftvoller, mittelgroßer, gestreckter, langhaariger Gebrauchshund. Die Geschlechtsunterschiede sind vor allem an Kopfform und Körperbau deutlich erkennbar. Bei Rüden müssen beide voll ausgebildeten Hoden im Hodensack fühlbar sein. Die Rumpflänge beträgt mindestens 110 % der Widerristhöhe.

Verhalten und Charakter. Er ist ein Gebrauchshund zu vielseitiger Verwendung. Von der Veranlagung her ausgeglichen und gutartig, besitzt er Schutztrieb, Kampftrieb, Härte, mittleres Temperament und eine sehr gute Nasenveranlagung. Für einen Gebrauchshund harmonisch abgestimmte körperliche Verhältnisse und eine besondere Bindung an seine Familie machen ihn zu einem hervorragenden Begleit-, Wach-, Schutz- und Fährtenhund.

Kopf. Der kräftige Kopf hat eine breite, gewölbte Stirn. Die Kopfhaut liegt stramm an. Der Nasenrücken ist gerade und bildet eine Parallele zum Oberkopf. Nasenrücken und Oberkopf (Spanne zwischen Hinterhauptbein und Stop) sind in etwa gleich lang. Der Stop ist leicht, aber erkennbar. Der kräftige Fang verjüngt sich leicht, sowohl von der Seite als auch von oben gesehen, wirkt aber nicht keilförmig. Die Lefzen liegen fest an und sind dunkel pigmentiert.

Die **Nase** ist stark pigmentiert und mit gut ausgebildeten Nasenlöchern.

Die **Augen** sind rund bis oval, weder hervortretend noch tiefliegend; ihre Farbe ist Dunkel- bis Mittelbraun.

Behang. Die dreieckigen Hängeohren liegen locker an und verdecken die Ohröffnung. Sie sind weit auseinanderstehend angesetzt, den Oberkopf optisch verbreiternd, und reichen in ihrer Länge bis in Höhe des Unterkiefers (Fangwinkel). Die Vorderkante liegt etwa auf der Mitte zwischen Auge und Hinterhauptbein.

Gebiß. Der Hovawart hat ein vollständiges (42 Zähne), kräftiges Scherengebiß; Zangengebiß ist zulässig.

Hals. Der kräftige Hals ist mittellang.

Körper. Die harmonisch zum Gesamtbild passende Brust ist breit, tief und kräftig. Der Rücken ist gerade und fest, mit leicht abfallender, nicht zu langer Kruppe. Die Rute reicht bis unterhalb des Sprunggelenkes, aber nicht bis zum Boden. Sie wird je nach Stimmung bis über den Rücken hochgeschwungen oder gesenkt getragen.

Gliedmaße. Die **Vorhand** ist gerade und kräftig, mit sehr gut bemuskelter Schulterpartie. Das Schulterblatt ist lang und gut schräg zurückliegend, so daß die Ellenbogen gut unter dem Körper stehen. Der Oberarm ist lang und liegt eng am Körper an. Die Pfoten sind rund, geschlossen und gewölbt. Der Vordermittelfuß ist mäßig schräg gestellt. Die **Hinterhand** ist gut gewinkelt, und Ober- und Unterschenkel sind stark bemuskelt. Die Hüftgelenke sind frei von Hüftgelenksdysplasie. Die Sprunggelenke sind sehr kräftig und tiefstehend, die Pfoten geschlossen und gut gewölbt. Das Gangwerk zeigt einen weitausgreifenden Trab. Die Haut ist insgesamt straff anliegend und gut pigmentiert (Blauschimmer). Pigmentierung an Lidern, Nasenschwamm, Lefzen und Ballen entsprechend den Farben.

Haarkleid. Das auffallend schöne Langhaar ist leicht gewellt und geschlossen. Besonders ausgebildet ist es an der Brust, der Befederung der Läufe, an den Hosen und der buschig behaarten Rute.

Den Hovawart gibt es in drei Farbschlägen: Schwarzmarken, Schwarz und Blond.

Schwarzmarken. Das Haarkleid ist schwarz und glänzend, die Farbe der Markenzeichnung mittelblond. Am Kopf beginnt die Zeichnung unterhalb des Nasenrückens und reicht um die Fangwinkel herum bis in die Kehlmarke. Die Punkte über den Augen sind deutlich sichtbar. Die Brustmarke besteht aus zwei nebeneinanderliegenden Flecken, die miteinander verbunden sein können. An den Vorderläufen reichen die Marken, von der Seite gesehen, von den Zehen bis etwa zum Vordermittelfußgelenk und laufen nach hinten in Höhe des Rumpfes aus. An den Hinterläufen reicht die Zeichnung fast bis zur Bauchdecke. Von der Seite gesehen ist die Marke oberhalb des Sprunggelenkes nur als schmaler Streifen sichtbar. Auch unterhalb des Rutenansatzes ist eine Markenzeichnung vorhanden. Die Zeichnung ist in allen Bereichen klar abgegrenzt. Ein kleiner weißer Brustfleck (nicht größer als 6 cm) sowie einzelne weiße Haare an Zehen und Rutenspitze sind zulässig. Die Pigmentierung an Lidern, Nasenschwamm, Lefzen und Ballen ist schwarz.

Blond. Die mittelblonde Decke reicht vom Nasenrücken bis zur Rutenspitze und wird zu den Läufern und zum Bauch hin heller. Ein kleiner weißer Brustfleck sowie einzelne weiße Haare an Zehen und Rutenspitze sind zulässig. Die Pigmentierung an Lidern, Nasenschwamm, Lefzen und Ballen ist dunkel bis schwarz.

Schwarz. Das Haarkleid ist schwarz und glänzend. Ein kleiner weißer Brustfleck sowie einzelne weiße Haare an Zehen und Rutenspitze sind zulässig. Die Pigmentierung an Lidern, Nasenschwamm, Lefzen und Ballen ist schwarz.

Größe. (Widerristhöhe) Die Größe beträgt bei Rüden 63 bis 70 cm, bei Hündinnen 58 bis 65 cm.

Das **Gewicht** ist der Größe des Hundes entsprechend, um die Arbeitsfähigkeit zu erhalten.

Fehler. Alle Abweichungen von der Standardbeschreibung sind fehlerhaft.

Disqualifizierende Fehler. Im Phänotyp nicht dem Rassebild entsprechende Hunde, stark rüdenhafte Hündinnen, stark hündinnenhafte Rüden. Hunde mit quadratischem Körperbau; aggressive, ängstliche, schußscheue oder lethargische Hunde. Hunde mit fehlendem Stop, mit angeborener Blindheit, mit Steh-, Kipp- oder Rosenohren, mit Vorbiß, Rückbiß oder Kreuzbiß sowie Hunde, denen mit Ausnahme der P1 oder M3 andere Zähne fehlen; Hunde mit fehlendem Schluß der Reißzähne

Zwei „blonde“ Hovawarte – bestechend in Farbe und Ausdruck!

(Prämolaren + Molaren). Ausgeprägte Wamme oder stark lose Kehlhaut; zu schmale oder tonnenförmige Brust; starker Senk- oder Karpfenrücken; Anomalie der Schwanzwirbel, stark verkürzte Rute oder ausgeprägte Ringelrute. Stark überhöhte Hinterhand oder Hüftgelenksdysplasie.

Haarkleidfehler. Durchweg gelocktes Haarkleid (geschlossene Locken); Farben, die nicht im Standard beschrieben sind z. B. Blaugrau, Wildfarben, Braun, Weiß, Gescheckt sowie überwiegend mehrzoniges Haar. Schwarzmarkene Hunde mit weißen Abzeichen (außer an der Brust), mit grauen oder braunen Flecken außerhalb der Markenzeichnung sowie überwiegend andersfarbiger als schwarzer Unterwolle, überwiegend graue oder weißliche Markenzeichnung. Blonde Hunde mit durchgehend rotblonder Farbe ohne Aufhellung, weißlich-blonde mit ebensolchen Behängen, blonde mit deutlich weißer Markenzeichnung, weißen Abzeichen (außer an der Brust), mit dunklen bis schwarzen Abzeichen oder Maske. Schwarze Hunde mit weißen Abzeichen (außer an der Brust), mit grauen oder braunen Flecken oder überwiegend andersfarbiger als schwarzer Unterwolle. Hunde mit Untergröße und mit Übergröße von mehr als 3 cm.

Der Bouvier des Flandres

Die Bauern, Metzger und Viehhändler in Südwest-Flandern und im nordfranzösischen Hügelland verwendeten einen wetterfesten, großen und kräftigen Hüte- und Treiberhund, der unter dem Namen „Vuibaard" (schmutziger Bart) und Koehond (Kuhhund) ohne Rücksicht auf Größe und Aussehen nur für den Gebrauch gezüchtet wurde. Selbst vor Milchkarren wurde er gespannt.

Es ist diesem Treibhundschlag genauso ergangen wie dem Schweizer Sennenhund und dem Deutschen Schäferhund. Die Hunde führten ein wohlgeschätztes Dasein, waren ihren Herren treue, fast unersetzliche Diener, aber die Kynologie mußte sie erst entdecken. Beim Bouvier geschah dies im Mai 1910 bei der Brüsseler Ausstellung. Die Rassekennzeichen wurden 1912 erstmalig und dann 1926 endgültig formuliert. Heute ist dieser typische Dienst- und Gebrauchshund mit seinen vorzüglichen Charaktereigenschaften als Sport- und Begleithund im privaten Bereich sowie als Diensthund bei den Behörden gleichermaßen beliebt und anerkannt.

Zorra – Zicki v. d. Stadt Homberg – eine typische Vertreterin der jüngsten Gebrauchshunderasse Bouvier des Flandres

Allgemeines Erscheinungsbild. Die Widerristhöhe beträgt bei Rüden 62 bis 68 cm (ideal 65 cm), bei Hündinnen 59–65 cm (ideal 62 cm). Der kurze und stämmige Körper steht auf kräftigen, gut bemuskelten Gliedern. Er macht den Eindruck von Mächtigkeit, aber ohne in der Gesamtanlage plump zu wirken. Der Bouvier enthüllt durch seinen Blick Reaktionsstärke, Energie und Mut. Absolute Ruhe und erkennbares Selbstbewußtsein zählen zu seinen stärksten Wesenszügen.
Kopf mittellang, mit flachem, nicht zu breitem Schädel, zum Fang sanft abfallend, somit nur undeutlicher Stop.
Fang ist kräftig und gerade, trockene, feste Lefzen mit Scheren- oder Zangengebiß.
Nase muß gut entwickelt und stets schwarz sein.
Augen sollten möglichst dunkel mit etwas ovalen Lidöffnungen sein (helle oder Glasaugen höchst unerwünscht), offener und energischer Blick.
Ohren sind hoch angesetzt und sehr beweglich, zu dreieckigen Stehohren kupiert. Der Ansatz an der Innenkante muß eine Linie sein mit der Unterkante der Nase. Soweit in einem Land Kupierverbot besteht, wird gleichrangig das unkupierte Ohr anerkannt.
Hals. Mäßig lang, zum kräftigen Rumpf hin breiter. **Widerrist** leicht gewölbt.
Rücken- und Lendenpartie. Kurz, breit und kräftig. Kruppe nur mäßig abfallend.
Rute hochangesetzt, auf zwei bis drei Wirbel kupiert.
Vorderhand. Ziemlich lange, mittelmäßig schräge Schultern mit starkknochigen, gut bemuskelten und geraden Läufen.
Hinterhand. Muskulöse Oberschenkel, mittelmäßig lang. Mittelfüße kräftig und in aufmerksamer Stellung senkrecht stehend. Pfoten rund und stark, mit gewölbten, geschlossenen Zehen und starken, schwarzen Krallen sowie dicken und harten Sohlen; keine Afterkrallen. Haar harsch und rauh, trocken und matt, zerzaust, am Körper etwa 6 cm lang, am Kopf kürzer, aber Schnauzbart und dichte, hohe Augenbrauen; wasserdichte Unterwolle.
Farbe. Schwarz, Rehbraun oder Grau, dann meist gestromt. Manchmal mit schwärzlicher Maske; kleiner weißer Brustfleck ist zulässig. Unerwünscht sind allgemein zu helle, verwaschene Farben.
Wesen. Die dem aktuellen Bouvier innewohnenden Fähigkeiten sind das gesammelte Erbe seiner Vorfahren, die in früheren Zeiten von den Viehtreibern nach dem Hauptkriterium der Gebrauchstüchtigkeit ausgelesen wurden. Der Bouvier ist vor allem ein ausgeglichener und reaktionsstarker Hund. Deshalb ist er offen, frei und seinem Besitzer treu. Er besitzt eine natürliche Veranlagung zum Schutz seiner Familie.

Zwei, die sich gut verstehen

Schwere Fehler. Langleibige Tiere, helle Augen, Vor- oder Rückbiß, flache, zu lange, oft zu gewölbte und dadurch zu kurze Rippen, durchhängendes Kreuz, wolliges, seidenartiges, zu langes oder zu kurzes Haar.
Zuchtausschließende Fehler. Glasaugen, wilder Ausdruck, gefleckte Nase, schokoladenbraune Farbe, einhodig oder hodenlos.

Der Gebrauchshund im Privatbesitz

Sport mit dem Hund

Eine artgerechte Haltung reicht für einen Dienst- und Gebrauchshund nicht aus, er will mehr: arbeiten und beschäftigt sein.

Unterstützung finden Sie bei den Vereinen der schon erwähnten „Arbeitsgemeinschaft der Zucht und Gebrauchshundeverbände“ (AZG). Die Angebotspalette der Ausbildungsmöglichkeiten ist vielfältig, angefangen von der Basisausbildung für den Hausgebrauch über die Begleithundausbildung bis zum Turniersport, ja sogar Schutzhund- und Fährtenhundausbildung wird angeboten.

Basisausbildung

Zur Basisausbildung gehören die sogenannten Gehorsamsübungen, die ich in meinem Buch „Erziehung und Ausbildung des Hundes“ (Verlag Paul Parey) eingehend beschrieben habe. Im einzelnen sind dies: Leinenführigkeit, das Sitzen, das Stehen, das Platzmachen, Platzmachen und Dableiben, Setzen und Dableiben, Stehen und Dableiben, Vorschicken ohne Auftrag, Kommen auf Ruf, Ablegen und Abrufen, Freisprung über Hindernisse und Leinenführigkeit am Fahrrad.

Die Begleithundausbildung mit Begleithundprüfung

Die Ausbildung zum Begleithund halte ich für die wichtigste Ausbildung überhaupt. Das Bestehen der Begleithundprüfung mit seinem Hund sollte das Ziel jedes Besitzers eines Dienst- und Gebrauchshundes sein. Zugelassen dazu werden Hunde aller Rassen und Größen. Das Zulassungsalter beträgt mindestens zwölf Monate. Diese Prüfung besteht aus zwei Teilen.

Teil I. Gehorsamsübungen auf einem Übungsplatz oder im freien Gelände: Leinenführigkeit und Unbefangenheit, Freifolge, Setzen und Sitzenbleiben, Ablegen in Verbindung mit Herankommen und Ablegen des Hundes unter Ablenkung.

Teil II. Prüfung im Verkehr: Führigkeit und Verhalten im Straßenverkehr, Verhalten des Hundes unter erschwerten Verkehrsverhältnissen,

Freirücksprung über eine 1 m hohe Hürde. Die Übung wird freudig ausgeführt, so wie es sein soll!

Verhalten des kurzfristig im Verkehr angeleint alleingelassenen Hundes; Verhalten gegenuber Tieren und Gehorsamsüberprüfung im Verkehr.

Die Übungen zum Teil II werden im öffentlichen Verkehrsraum, also auf Straßen, Wegen oder Plätzen durchgeführt. Das ist wegen der Prägung äußerst wichtig!

Turniersport

Seit mehr als 15 Jahren wird beim Deutschen Hundesportverband Breitensport mit dem Hund angeboten und betrieben. Diese Sportart ist offen für alle Hundehalter und neben einer sinnvollen Freizeitbeschäftigung gleichzeitig eine sportliche, der Gesundheit dienende Betätigung des Hundeführers. Zudem wird der Hundehalter angehalten, seinen Hund, wenn er überhaupt mitmachen will, praxisnah auszubilden.

Der Deutsche Hundesportverband hat eine „Turnier-Ordnung" für den Breitensport mit dem Hund erarbeitet, diese ist auch vom Verband für das Deutsche Hundewesen (VDH) anerkannt. In ihr werden gefordert: Gehorsamsübungen, Sprünge über Hindernisse, Hindernisläufe und Slalom-Lauf, auch ein Geländelauf ist vorgesehen.

Dieser sinnvolle und nützliche Breitensport mit dem Hund wird sicherlich regen Zuspruch finden und somit eine Zukunft haben. Beim Geländelauf mit dem Hund werden Strecken von 2000 und 5000 Meter zurückgelegt.

 Sport mit dem Hund – eine sinnvolle und nützliche Tätigkeit für Mensch und Tier!

Die Ausbildung zum Schutzhund

Mit viel Fleiß und Ausdauer widmen sich Hundeführer der Ausbildung ihrer Hunde zum Schutzhund, um dann vor anerkannten Richtern Schutzhundprüfungen abzulegen. Diese Hundeführer sind zunächst noch reine Amateure mit sehr viel Idealismus. Die Ausbildung eines Hundes zum Schutzhund ist nicht einfach, und es vergehen oft Jahre, bis das hohe Ziel erreicht ist. Ohne Hilfe und Anleitung ist die Ausbildung eines Hundeführers und seines Hundes zum Schutz- und/oder Fährtenhund nicht möglich.

Tausende von abgehaltenen und bestandenen Prüfungen sind ein Beweis dafür, daß die Vereine eine richtige und durchdachte Zucht bewirken und auch für die Möglichkeit einer erfolgreichen Anleitung der Hundeführer und einer guten Hundeausbildung sorgen.

Die Schutzhundprüfung

Die Prüfungsordnung, die der Prüfung zugrunde liegt, ist ein Gemeinschaftswerk der AZG und bei allen Vereinen erhältlich. Entsprechend den Anforderungen unterscheiden wir drei Schwierigkeitsgrade: die Schutzhundprüfung I, II und III. Sie bestehen jeweils aus den Disziplinen Fährtenarbeit, Gehorsam und Schutzdienst. In jeder Disziplin können 100 Punkte erreicht werden.
Was wird verlangt?

Schutzhundprüfung I:

A. **Fährtenarbeit:** Verlorensuche auf einer 300 bis 400 Schritt langen, mindestens 20 Minuten alten HF-Fährte mit zwei abgelegten Gegenständen. Arbeit an 10 Meter langer Fährtenleine oder freisuchend.

B. **Gehorsam:** Leinenführigkeit und Unbefangenheit – Freifolge – Sitzübung – Ablegen in Verbindung mit Herankommen – Bringen eines dem Hundeführer gehörenden Gegenstandes auf ebener Erde – Bringen eines dem Hundeführer gehörenden Gegenstandes im Freisprung über eine 1 Meter hohe und 1,50 Meter breite Busch-Hürde – Voraussenden mit Hinlegen – Ablegen des Hundes mit Ablenkung.

C. **Schutzdienst:** Stellen und Verbellen – Überfall – Verfolgen und Stellen – Mutprobe.

Schutzhundprüfung II:

A. **Fährtenarbeit: Verlorensuche** auf einer 400 bis 500 Schritt langen, mindestens 30 Minuten alten Fremdfährte mit zwei Gegenständen an 10 Meter langer Fährtenleine.

B. **Gehorsam:** Leinenführigkeit mit Unbefangenheit – Freifolge – Sitz aus der Bewegung – Ablegen in Verbindung mit Herankommen – Bringen eines ein Kilogramm schweren Bringholzes auf ebener Erde – Bringen eines 650 Gramm schweren Bringholzes im Freisprung über eine 1 m hohe und 1,50 m breite Busch-Hürde – Klettersprung über eine Schrägwand, Höhe 1,80 m, untere Breite 1,30, und Bringen eines dem Hundeführer gehörenden Gegenstandes – Voraussenden mit Hinlegen – Ablegen des Hundes unter Ablenkung.

C. **Schutzdienst:** Streifen nach dem Helfer – Stellen und Verbellen – Flucht und Abwehr – Transport – Überfall und Mutprobe.

Schutzhundprüfung III:

A. **Fährtenarbeit:** Verlorensuche auf einer 800 bis höchstens 1000 Schritt langen, mindestens 50 Minuten alten Fremdfährte mit drei Gegenständen.

B. **Gehorsam:** Freifolge – Sitz aus der Bewegung – Ablegen in Verbindung mit Herankommen – Stehenbleiben im Schritt – Stehenbleiben aus dem Laufschritt – Bringen eines zwei Kilogramm schweren Bringholzes auf ebener Erde – Bringen eines 650 Gramm schweren Bringholzes im Freisprung über eine 1 Meter hohe und 1,50 Meter breite Busch-Hürde – Klettersprung über eine Schrägwand, Höhe 1,80 m, und Bringen eines dem Hundeführer gehörenden Gegenstandes – Voraussenden mit Hinlegen – Ablegen des Hundes unter Ablenkung.

C. **Schutzdienst:** Streifen nach dem Helfer – Stellen und Verbellen – Flucht und Abwehr – Transport – Überfall, Einholen und Mutprobe.

Die Ausbildung zum Fährtenhund

Unser Hund und erst recht die Gebrauchshunderassen gehören zu jenen Tieren, die sich überwiegend mit ihrer Nase nach dem Geruch orientieren. Er ist ein Makrosmat, ein sogenannter „Großnaser". Diese wesensbestimmende Veranlagung haben wir zur Kenntnis zu nehmen und bei der Ausbildung zu berücksichtigen.

Wir können diese Veranlagung fördern, etwas unterdrücken, jedoch nicht abschaffen. Fest steht, daß unser Hund mit seiner Nase mehr wahrnimmt, als er mit den Augen sieht. Ich sage es so kraß, denn viele Hundebesitzer ärgern sich, wenn ihr Hund an dieser oder jener Stelle ausdauernd schnüffelt! Wissen wir, was er riecht? Ich weiß es in den allermeisten Fällen nicht.

Diese natürliche Veranlagung haben die Hundesportler sich zunutze gemacht und bilden ihre Hunde zum „Fährtenhund" aus. Die geforderten Leistungen sind beachtlich.

Auf der **Fährtenhundprüfung** hat der Hund seine Fährtensicherheit auf einer mindestens 1000 bis 1400 Schritt langen und mindestens drei Stunden

Diensthund bei der Ausarbeitung einer Fährte!

alten Fremdfährte, die sechs dem Gelände angepaßte rechte Winkel aufweisen muß und mindestens dreimal von einer frischeren Fremdfährte an geräumig auseinanderliegenden Punkten geschnitten wird, zu zeigen.

Der Blindenführhund

Die wohl schönste Aufgabe für einen Gebrauchshund ist nach menschlichem Ermessen die Verwendung als Blindenführhund. Seit dem Ersten Weltkrieg, als erblindete Soldaten auf die Idee kamen, Hunde als „Führer" auszubilden, sind sie für viele Blinde zum unentbehrlichen Begleiter geworden.

Die Anforderungen an einen ausgebildeten Führhund sind hoch. Die natürlichen Eigenschaften als Gebrauchshund müssen selbstverständlich

Blindenführhündin Gloria v. Donnersmark – RS, die sich in der Praxis bestens bewährt

vorhanden sein. Nicht gefordert und auch nicht erwünscht ist Kampftrieb. Der Führhund soll ja in erster Linie führen und nicht beschützen. Sogenannte Schnüffler und Raufer sind auch ungeeignet.

Zweck und Aufgabe des Blindenführhundes ist es, den Blinden im täglichen Leben jederzeit völlig sicher zu führen. Die Ausbildung hierzu erfolgt meist auf privaten Blindenführhundschulen. Das beste Alter des Hundes für eine Ausbildung liegt zwischen 18 und 30 Monaten. Vor Beginn der Ausbildung wird der ausersehene Hund gründlich getestet. Hierbei stehen Gesundheit und umweltfreundliches Wesen an erster Stelle.

Nach erfolgreichem Test folgt dann eine sorgfältige Vorbereitung. Die Ausbildungsmethoden weichen in den anerkannt guten Führhundschulen in Einzelheiten leicht voneinander ab. Eines aber ist ihnen gemeinsam:

Gemäß den neuesten kynologischen und tierpsychologischen Erkenntnissen werden von der Anlage her geeignete Tiere individuell ausgebildet. Hierbei wird auf jede Gewaltanwendung wie Stachelhalsband, Elektroschock (Teletakt) oder gar Schläge verzichtet. Vielmehr wird soweit irgend möglich versucht, die natürliche Reaktion des Hundes in der gewünschten Richtung zu beeinflussen, sei es durch Verstärkung (Belobigung) oder durch Abschwächung (Bestrafung). Lob und Tadel sind auch beim Hund die wirksamsten Mittel, um auf sein Verhalten und seine Lernfreudigkeit einzuwirken.

Der zum Blindenführhund ausgewählte Hund wird von einem Ausbilder (Trainer) übernommen und ausgebildet. Die Ausbildung beginnt am Schulungswagen. Längere Zeit läuft der Hund eingespannt in diesem Wagen, dessen Aufbauten so groß wie die Umrisse des später zu führenden Blinden sind (künstlicher Mensch), und lernt den geraden Weg einzuhalten, Hindernisse zu umgehen und vor Hindernissen, die auch größer bzw. kleiner sind als Hund und Wagen stehenzubleiben.

Als zweite Stufe kommt das Begleiten am Führerbügel. Die Ausbilder legen täglich viele Kilometer mit den Hunden zurück; sie begeben sich mit den Hunden in dichten Verkehr, um die Tiere sicher zu machen und auf die Aufgaben vorzubereiten.

Nach der abgeschlossenen Ausbildung folgt die Zuteilung an einen Blinden. Die Entscheidung, welcher Hund zu welchem Führer, ist die schwierigste überhaupt!

Der Leiter einer Blindenführhundschule hat nicht nur den Hund, sondern auch den „Blinden“ auf Eignung und Veranlagung zu beurteilen, um dann das richtige „Gespann“ zusammenzustellen.

Die Verbindung zwischen dem Blinden und seinem Hund wird nicht durch die übliche lockere Leine hergestellt, sondern durch einen starren U-förmigen Griff, der an einem leichten, um den Körper des Hundes geschnallten Geschirr befestigt ist, so daß der Blinde jede Bewegung des Hundes spürt.

Was muß ein ausgebildeter Blindenführhund können?

Herankommen des Hundes (bei abgenommenem Führgeschirr): Auf Ruf oder Pfiff muß der Hund ohne Verzug zu dem Blinden laufen und sich an dessen linker Seite durch Anstoßen oder Anlehnen bemerkbar machen.

Sobald der Führhund im Geschirr ist, muß er links bei Fuß ruhig neben dem Blinden stehen. Der Hund darf sich ohne Aufforderung des Blinden nicht von ihm entfernen, sich nicht mit anderen Hunden bzw. Katzen raufen, muß geflügelfromm sein und darf andere Personen nicht belästigen.

Auf das Kommando „Steh!“ muß der Hund angelehnt auf der linken Seite des Blinden stehen, auf „Sitz“ an der linken Seite des Blinden – Schulter in Kniehöhe – sitzen und auf „Platz!“ sich links „Bei Fuß“ zu Füßen des Blinden niederlegen.

Bringen: Im Umkreis von etwa zehn Schritt verlorene Gegenstände des Blinden müssen durch den Führhund auf ein Kommando gebracht werden. Der Hund hat sich mit dem Gegenstand beim Blinden durch Anlehnen oder Anstoßen bemerkbar zu machen.

Auf das Kommando „Voran“ muß der Führhund in schnellem Gang geradeaus gehen, ohne einen zu starken Zug auszuüben, auf „Halt“ oder „Steh“ hat er sofort in der beschrittenen Richtung stehenzubleiben.

Der Hund muß den Blinden stets auf der Mitte des Weges führen; stehende oder bewegliche Hindernisse müssen dabei ohne Verzögerung auf dem kürzesten Wege umgangen werden.

Der Hund muß von sich aus Bordkanten, Treppen, Gräben usw. in der üblichen Gangart anlaufen und kurz vor dem Hindernis stehen bleiben, so daß der Blinde das Hindernis abtasten kann. Erst auf das Kommando „Voran!“ soll der Führhund den Weg fortsetzen. Bei nicht zu überschreitenden Hindernissen muß der Hund auf das Kommando „Such Weg“ das Hindernis so lange umgehen, bis ein Übergang gefunden ist. Treppen muß der Führhund ohne Zug nehmen, dabei muß jeder Absatz vom Hund durch „Stehenbleiben“ angezeigt werden. Aufrechte Hindernisse muß der Führhund selbständig umgehen.

Der Führhund muß eine Straße nach Anzeigen der Bordkante (Kommando Voran!) in schneller Gangart auf dem kürzesten Weg überqueren.

Soweit die Forderungen an einen guten Blindenführhund. Sicherlich sind individuelle Aufgaben zusätzlich noch erforderlich. So muß z. B. der Blindenführhund lernen, bestimmte Wegstrecken mit seinem Führer zurückzulegen. So führt in Eutin ein Blindenführhund täglich seinen Besitzer von der Wohnung durch die Stadt zur Kreisverwaltung zur Arbeitsstätte. Wem gebührt mehr Achtung, dem Blindenführhund oder dem Ausbilder? Ich bin der Meinung, beide leisten hier Vortreffliches.

Der Rettungshund

„Am Freitagmorgen (24. 6. 1988) haben deutsche Hundeführer mit ihren Hunden gemeinsam mit einheimischen Helfern begonnen, die Erdmassen systematisch abzusuchen. Nach Angaben der örtlichen Behörden werden noch bis zu 100 Menschen vermißt.“ Soweit eine Pressemeldung von den Erdrutschen in dem nordtürkischen Dorf Catak. Auch dort, wie vorher bei anderen Katastrophen, wurden Rettungshunde eingesetzt.

Rettungshund Arry im Übungsgelände mit seinem Führer Heinz Bohn

Der Begriff des Rettungshundes ist im Vergleich zu anderen Verwendungsarten unseres Hundes relativ jung. Er entstand erst in den letzten Jahren des Zweiten Weltkrieges. Zu jener Zeit haben die ersten Hundebesitzer begonnen, sich die guten Naseneigenschaften des Hundes zum Aufspüren vermißter oder verschütteter Personen nutzbar zu machen.

„Wenn ein Hund bellt, dann ist ein Mensch zu retten!" Unter dieser Überschrift veröffentlichte die schweizerische Zeitschrift für Luftschutz „Protar" im Jahre 1945 einen Aufsatz über den Einsatz von Hunden zum Aufzeigen verschütteter Menschen nach Luftangriffen auf England. Durch den Einsatz der sogenannten V-Waffen wurde die Zahl der unter Trümmern verschütteten Personen immer größer und ihre rechtzeitige Bergung immer schwieriger. Man sah sich nach Möglichkeiten um, schnell und sicher Kenntnis zu erhalten, wo unter Trümmern Menschen verschüttet waren. Da kamen die Verantwortlichen – wörtlich genommen – „auf den Hund!"

Die Versuche, mit Hilfe der Hundenase verschüttete Menschen zu orten, verliefen positiv. Der Einsatz von „Rettungshunden" in England erfolgte geheim. Erst nach dem Zweiten Weltkrieg wurde dies bekannt, und man kam in anderen Ländern auch auf die Idee, Hunde für derartige Aufgaben auszubilden.

Zuerst wurde nur an eventuelle zukünftige Verteidigungsfälle gedacht. In der Bundesrepublik Deutschland übernahm Anfang der fünfziger Jahre der Bundesluftschutzverband (BLSV) die Ausbildung von Rettungshunden. Da in den ersten Jahren die Zusammenarbeit des BLSV mit der Arbeitsgemeinschaft der Zuchtvereine und Gebrauchshundeverbände (AZG) nicht gerade gut war, wurden Vertreter der diensthundehaltenden Behörden gebeten, die „Anlaufschwierigkeiten" zu überbrücken.

Die Ausbildung von Rettungshunden ist nicht besonders schwierig. Jeder Hund mit guter Nasenveranlagung gepaart mit „Suchpassion", der zudem körperlich geeignet ist, über Trümmerfelder zu laufen, ohne sich zu verletzen, dessen Wesen einwandfrei ist und der gut in der Hand seines Führers, d. h. gehorsam ist, kann als Rettungshund ausgebildet werden. In erster Linie fanden und finden die Dienst- und Gebrauchshunderassen für diese Aufgaben Verwendung.

Im Jahre 1973 stellte das Bundesinnenministerium keine Haushaltsmittel für die Ausbildung von Rettungshunden mehr zur Verfügung, mithin werden also keine staatlichen Zuschüsse mehr gezahlt. Die Idealisten ließen sich dadurch jedoch nicht entmutigen. Einige Rettungshundeführer schlossen sich zusammen, machten weiter, gliederten sich der örtlichen Feuerwehr, dem Roten Kreuz oder dem Technischen Hilfswerk (THW) an. Die Hundeführer wollen nur helfen, nicht mehr und nicht weniger!

Zwischenzeitlich wurde erkannt, und die Ausbildungserfolge machten es deutlich, daß der Rettungshund nicht nur im Kriegsfalle eingesetzt werden kann. Wie oft kommt es vor, daß Häuser bei Bränden, durch Gas- oder sonstige Explosionen einstürzen und Bewohner unter ihren Trümmern begraben sind. Immer wieder treten Erdbebenkatastrophen oder Grubenunglücke auf! Alles Aufgaben für einen Rettungshund.

Im Bundesgebiet schlossen sich immer mehr interessierte Helfer mit ihren Hunden in Rettungshundestaffeln als eingeschriebene Vereinigungen zusammen. Auch Landesverbände wurden gegründet, und der Bundesverband für das Rettungshundewesen e. V. wurde 1981 ins Leben gerufen.

Rettungshundestaffeln bestehen in der ganzen Bundesrepublik. Gruppen von Frauen und Männern haben freiwillig die Aufgabe übernommen, sich und ihre Hunde zu Lebensrettern zu schulen. Alle Möglichkeiten, die sich bieten, um das Wissen über Rettung von Menschenleben oder Methoden zur Ausbildung von Rettungshunden zu erweitern, versuchen diese Idealisten wahrzunehmen.

Es hat sich im Laufe der Zeit aber auch gezeigt, daß nur ein ganz kleiner Prozentsatz aller Einsätze die Suche nach Verschütteten betrifft. Der weit größere Teil der Einsätze hat die Suche nach vermißten Personen zum

Dobermannhündin Anni im Einsatz

Ziel. Die sogenannte Flächensuche nach „Selbstmördern“, „entlaufenen Kindern“, „Menschen mit körperlichen Gebrechen“ oder „Menschen nach Unfall mit Schockeinwirkung“, sind viel häufiger. Aus dieser Kenntnis heraus werden die Hunde für die Flächensuche, d. h. für die Suche nach lebend vermißten Personen und speziell aber auch für die Suche nach Toten ausgebildet. Die Rettungshundeführer arbeiten mit ihren Hunden kostenlos, opfern Freizeit und Urlaub für die Ausbildung und den Einsatz.

Eine ehrliche und gute Aufgabe, die leider z. Z. von einigen fragwürdigen Angeboten gestört wird. Es ist nämlich ein Ding der Unmöglichkeit, einen Rettungshund in einem maximal zwei Wochen dauernden Lehrgang auszubilden! Die Ausbildung eines Rettungshundes dauert um die zwei Jahre. Ständige Weiterschulung von Mensch und Hund ist außerdem erforderlich. Die Verantwortung im Einsatz ist enorm, daher ist das Beste gerade gut genug.

Ein guter Hund ohne Helfer ist nichts! Ein guter Helfer ohne Hund ist auch nichts! Jedoch ein gut ausgebildeter Helfer und ein gut veranlagter und gut ausgebildeter Hund bilden ein brauchbares Team. Ein Team zum Retten von Menschen!

Lawinensuchgruppe auf dem Weg in das Einsatzgebiet

Lawinensuchhunde

Der Lawinensuchhund wird eingesetzt zur Suche nach von Schneelawinen verschütteten Personen. Der am meisten bekanntgewordene Lawinensuchhund war der Bernhardiner Barry I. Man nimmt an, daß er mehr als 40 Menschen zwischen 1800 und 1812 das Leben gerettet hat. Heute wird der Bernhardiner, bedingt durch sein Gewicht, kaum noch als Lawinensuchhund eingesetzt. Überwiegend finden Deutsche Schäferhunde Verwendung für diese Aufgabe. Sie sind wendiger und leichter und demzufolge geeigneter.

Der Lawinensuchhund ist nach wie vor die erfolgreichste Hilfe im Kampf gegen den weißen Tod. Kein technisches Einsatzmittel kommt ihm gleich. Er ist fähig, Verschüttete auch in zwei bis vier Meter Tiefe noch wahrzunehmen.

Überwiegend werden die Lawinensuchhunde privat geführt. So wie bei den Rettungshunden schlossen sich Idealisten zusammen und gliederten sich der örtlichen Bergwacht, Feuerwehr, dem Technischen Hilfsdienst oder dem Roten Kreuz an, um helfen zu können, wenn Not war. Auch von

Schäfer mit Schäferhunden beim Hüten einer Herde

Behörden werden Lawinenhunde vorgehalten, jedoch nur in jenen Regionen, in denen ihr Einsatz absehbar ist.

Die Ausbildung und der Einsatz von Lawinensuchhunden sind sowohl für den Hundeführer als auch den Hund nicht leicht. Vom Hundeführer wird neben guter körperlicher Kondition, Bergerfahrung, skifahrerischem Können in allen Schneearten auch ein umfangreiches Fachwissen in Schnee- und Lawinenkunde erwartet. Die Hunde müssen gesund, kräftig und ausdauernd sein, um im Bergeinsatz bei oft extremen Witterungsbedingungen bestehen zu können.

Der Hütehund (Herdengebrauchshund)

Die Kunst des Hütens bezweckt vorrangig, die Schafherde durch sinnvolle Hüteweise unter besonderer Berücksichtigung der zur Verfügung stehenden Weideflächen und der Witterung zur optimalen Futteraufnahme und somit zum großmöglichen Zuwachs zu bringen. Dazu braucht der Hundeführer (HF) einen gut ausgebildeten Hütehund.

Nur in einer harmonischen Zusammenarbeit zwischen dem Menschen und den Tieren kann optimaler Erfolg der Beweidung erreicht werden. Die Schafherde darf bei der Futteraufnahme nicht mehr als erforderlich gestört, sie muß in bestimmten Grenzen gehalten werden, und sie ist auf Straßen und Wegen fachgerecht zu führen oder zu treiben. Die Arbeit des Schäfers mit Herde und Hund muß von Übersicht und Ruhe getragen sein.

Der Deutsche Schäferhund wird nach wie vor auch als Hütehund bei der Herde eingesetzt. Zum Beweis dieser bei dieser Rasse noch vorhandenen Naturveranlagung führt der Verein für Deutsche Schäferhunde jährlich ein Bundesleistungshüten durch. Die dort gezeigten Leistungen der Hütehunde, alles Deutsche Schäferhunde versteht sich, sind beachtlich.

Rund eine Stunde dauert im Schnitt jeder Hütedurchgang, der mit dem Öffnen des Pferches beginnt. Nachdem die mehrere hundert Tiere zählende Schafherde ausgetrieben ist, wird das Verhalten im weiten und engen Gehüt geprüft.

Während die Herde im weiteren Gehüt auseinandergezogen ruhig und ungestört weidet, muß sie im engen Hütebereich durch angrenzende Frucht zum Naschen verleitet, eingeschränkt weiden. Auf einer Strecke mit genau vorgeschriebenen Hindernissen führen die Schäfer die Herde von Pferch zu Pferch. Unterwegs werden sie mit Autoverkehr, einer Brücke und einem Engweg konfrontiert. Auch die Schäfer werden für ihre Hütetechnik, den Umgang mit den Schafen und für den Einsatz und den Umgang mit dem Hund bewertet. Im Mittelpunkt steht jedoch der Herdengebrauchshund, wie der Hütehund offiziell heißt.

Je älter der Hund, desto erfahrener und selbstsicherer und selbständiger ist er. Der ideale Hund arbeitet völlig selbständig, so daß man sich beim täglichen Hüteeinsatz ganz auf seine Einwirkung verlassen kann. Für die an den jährlichen Bundesleistungshüten teilnehmenden Schäfer ist das Leistungshüten kein nebenberufliches Hobby, sondern eine Berufsleistung. Besonders bemerkenswert sind die Leistungen, zumal sich die Hütehunde auch noch mit einer völlig fremden Herde vertraut machen müssen.

Hier beweist der Deutsche Schäferhund deutlich und unverkennbar auch seine Gebrauchseigenschaft.

Der Dienst- und Gebrauchshund bei der Behörde

Der Polizeidiensthund (Diensthund allgemein)

Es gehört zur vornehmsten Aufgabe des Staates, das Leben seiner Beamten zu schützen. Durch dienstliche Zuweisung eines Schutzhundes kann er dem Rechnung tragen.

Weiter hat der Staat mittels Zuweisung von Diensthunden die Möglichkeit, vorbeugend gegen Gesetzesbrecher zu wirken. So mancher Rechtsbrecher hat von einem Angriff auf einen Beamten abgesehen, weil er die entblößten Fangzähne und die unmißverständliche Haltung eines Diensthundes sah. Nur derjenige, der in schwierigen Lagen seinen Hund als treuen Freund und Beschützer bei sich hat, kann den Wert eines Diensthundes richtig ermessen.

Transport zum Einsatz

In der Bundesrepublik Deutschland werden bei den Behörden etwa 5000 Diensthunde gehalten. Bei der Polizei der Länder mögen es etwa 2000 sein. Der Polizeidiensthund findet Verwendung als Schutz-, Fährten-, Drogen- und Sprengstoffsuchhund. Örtlich unterschiedlich werden bei den Behörden auch Lawinen-, Rettungs- und Leichensuchhunde ausgebildet und für den Einsatz vorgehalten.

Der Polizeidiensthund kann insbesondere dort eingesetzt werden, wo menschlichen Fähigkeiten natürliche Grenzen gesetzt sind. Durch seine Verwendung können oft Kräfte und Zeit eingespart werden. Die Bedeutung des Hundes im Dienst der Behörde wird daher stets geschätzt sein. Das Mitführen eines Diensthundes im Streifendienst wirkt abschreckend und somit vorbeugend. Der Diensthund erleichtert die Verfolgung fliehender Verbrecher, deren Festnahme und Transport. Er warnt seinen Führer vor Gefahren, die er infolge Dunkelheit oder Unübersichtlichkeit des Geländes nicht zu erkennen vermag. Beim Absuchen von Wäldern, Gebüschen, Gräben, Bauwerken, Strohdiemen usw. sowie beim Aufstöbern von Menschen, die in Lebensgefahr schweben, ist der Diensthund unentbehrlich.

Da der Diensthund ein Hilfsmittel der körperlichen Gewalt ist, hat sich der Diensthundeführer an die rechtlichen Grundsätze über die Anwendung des unmittelbaren Zwanges zu halten. Dies um so mehr, als er weiß, daß ein kräftiger Hundebiß nicht ganz ungefährlich ist. Nur der kann Diensthundeführer werden, der bestimmte Voraussetzungen erfüllt: Er hat sich freiwillig zu diesem Dienstzweig zu melden. Er muß gewandt, körperlich geeignet, charakterlich einwandfrei und insbesondere an entschlossenes, selbständiges Handeln gewöhnt sein. Neigung und Eignung zum Umgang mit Tieren lassen sich nicht anordnen. Auch ist nicht jeder Polizeibeamte bereit, die mit der Haltung und Führung eines Diensthundes verbundenen Belastungen zu tragen, zumal diese zum erheblichen Teil nicht nur den Beamten, sondern auch Dritte, vor allem die Familienmitglieder betreffen. Andererseits sind die Diensthundeführer mit ihren Hunden im Hundesport die „Profis". Sie haben dabei den Vorteil, daß sie auf staatlichen Hundeschulen gemeinsam mit bereits vorgeprüften und ausgesuchten Hunden ausgebildet werden.

Was muß ein ausgebildeter Diensthund können?

Oberste Forderung ist, daß der Diensthund unbedingten Gehorsam hat, fest in der Hand seines Führers ist und über Schneid, Ausdauer und Kampftrieb verfügt. Ein ungehorsamer oder zu scharfer Hund mit einer zu flachen Reizschwelle, der auf Befehl nicht sofort vom Täter abläßt, ist als Diensthund bei der Polizei nicht geeignet.

Drogensuchhund beim Verweisen eines Suchpäckchens

Die Übungen im Gehorsamsbereich sind:
Leinenführigkeit. Der angeleinte Hund soll auf das Hörzeichen „Fuß“ an der linken Seite und an loser Leine seinem Führer in jeder Gangart willig und freudig folgen und jede Wendung mitmachen, ohne lästig zu werden.
Setzen. Der Hund soll sich sowohl auf Kommando als auch beim Stehenbleiben des Führers setzen.
Stehen. Der Hund hat auf ein Hörzeichen von seinem Führer stehenzubleiben.
Ablegen (Platzmachen). Der Hund soll sich auf das Hörzeichen „Platz“ schlagartig hinwerfen, damit er nötigenfalls in jeder Situation ausgeschaltet werden kann.
Freifolge. Der unangeleinte Hund soll freudig und willig an der linken Seite seinem Führer überall hin folgen, ohne lästig zu werden.
Leinenführigkeit am Fahrrad. Der angeleinte Hund soll auf das Hörzeichen „Rad“ an der rechten Seite des Fahrrades an loser Leine seinem Führer so folgen, daß er den Verkehr nicht gefährdet oder behindert. Die Leine ruht lose in der Hand des Führers.

Ablegen/Setzen/Stehen und Dableiben. Der Hund soll auf Hörzeichen zurückbleiben und nicht folgen. Er soll so lange an der festgelegten Stelle verharren, bis er abgeholt wird.
Vorschicken ohne Auftrag. Durch ein bestimmtes Hörzeichen wird der Hund vorgeschickt, um sich in Freiheit zu bewegen.
Kommen auf Rufen. Freudig und in schneller „Gangart" hat sich der Hund seinem Führer zu nähern und sich direkt vor diesem zu setzen. Durch diese Übung kann der Diensthundeführer beweisen, ob er seinen Hund in der Hand hat und jederzeit einsetzen kann. Wichtig ist das freudige und vertrauensvolle Kommen!
Bringen. Der Hund soll fortgeworfene Gegenstände seinem Führer bringen.

(Eine untergeordnete Gehorsamsübung. Zwangsbringen wird von mir abgelehnt. Etwa 80 % der Hunde bringen von sich aus!)
Voraussenden. Der Hund soll sich auf Hörzeichen von seinem Führer lösen und in einer bestimmten Richtung laufen.

Diensthund beim Überklettern einer 1,8 m hohen Kletterwand

Freisprung über Hindernisse. Der Hund hat im Freisprung einen 1 m hohen Zaun zu überspringen und auf der anderen Seite so lange zu warten, bis der Hundeführer ihn abholt.

Klettersprung. Der Diensthund hat im Klettersprung eine 1,80 m hohe Wand (Schrägwand) zu überspringen und auf besonderes Hörzeichen wieder zurückzuklettern.

Die Übungen im Schutzdienst sind:

Stöbern, Stellen und Verbellen einer versteckten Person mit anschließender Durchsuchung. Der Zweck dieser Übung ist, zu erreichen, daß der Hund seinem Führer Personen verweist, die sich a. absichtlich versteckt halten oder b. in hilfloser Lage befinden.

Verhalten des Hundes auf Beobachtungsposten, Einholen eines Fliehenden mit Stellen, Verbellen, Durchsuchung und Rücktransport. Der Hund hat in dieser Übung zu lernen:

a. das ruhige Verhalten auf Beobachtungsposten,
b. das Einholen, Stellen und Verbellen einer verdächtigen Person,
c. das Abführen bzw. Transportieren festgenommener Personen.

Verhalten des Hundes auf Beobachtungsposten, Einholen einer flüchtenden Person sowie Stellen und Verbellen durch Zupacken, Durchsuchung und Rücktransport. Der Hund hat in dieser Übung zu lernen:

a. das ruhige Verhalten auf Beobachtungsposten,
b. das Einholen einer flüchtenden Person und Stellen durch Zupacken,
c. das Abführen bzw. Transportieren festgenommener Personen.

Überfall aus dem Hinterhalt, Durchsuchung und Transport. Der Hund soll in dieser Übung lernen:

a. die Abwehr von Angriffen auf seinen Führer und sich,
b. das Bewachen von gestellten Personen bei der Durchsuchung,
c. das Bewachen von festgenommenen Personen beim Transport zur Dienststelle.

Verhalten des Hundes beim Überfall auf den Diensthundeführer durch einen Mithelfer, bei Durchsuchung und Festnahme. Der Hund soll in dieser Übung lernen:

a. die Abwehr von Angriffen auf seinen Führer unter erschwerten Bedingungen,
b. das Einholen von geflüchteten Tätern,
c. das Stellen von geflüchteten Tätern,
d. das Abführen bzw. Transportieren von zwei festgenommenen Personen.

Alle diese aufgeführten Anforderungen sind dem Diensthund durch individuelle Übungen beizubringen. Wichtig ist zweckmäßige und praxisnahe Ausbildung, deshalb wird der Übungsort ständig gewechselt! In der

Diensthund bei der Übung „Stellen und Verbellen eines ungeschützten Helfers"

Praxis ist der Diensthund nur brauchbar, wenn er während der Ausbildung alle Übungen in möglichst vielen Situationen gelernt hat.

Als ich vor mehr als 30 Jahren bei der Verlegung der staatlichen Hundeschule des Landes Schleswig-Holstein von Kiel nach Eutin auf einen gesonderten „Ausbildungsplatz" für meine Diensthunde verzichtete, wurde ich sicherlich von manchen Kollegen anderer Hundeschulen nicht verstanden. Für mich war damals schon die „Prägung des Hundes" ein äußerst wichtiger Eckpfeiler bei der praxisnahen Ausbildung. Die Diensthunde des Landes Schleswig-Holstein wurden und werden alle in der schönen „Holsteinischen Schweiz" (einem bekannten Erholungsgebiet) in der Umgebung von Eutin ausgebildet. Ausbildungsorte sind öffentliche Wälder, Anlagen, Parkplätze, Grillplätze, Ruinen, Fabriken usw.

Jeder erfahrene Ausbilder weiß doch nur zu genau, daß der Hund, der auf einem „Ausbildungsplatz" ausgebildet wird, in der Praxis nur bedingt einsatzfähig ist. In den vielen Jahren meiner Tätigkeit als Verantwortlicher für die Ausbildung der Diensthunde in Schleswig-Holstein habe ich nie Geheimnisse gehabt, und Zuschauer waren immer gerne gesehen, schon wegen der Prägung. Elektroschockgeräte wurden und werden in Schleswig-Holstein nicht benutzt.

Eine zweckmäßige und praxisnahe Ausbildung steht und fällt natürlich mit dem Helfer, denn nur bei einem guten Helfer wird der Hund seine angeborenen Eigenschaften voll entwickeln und diese dann auch im täglichen Dienst wiedergeben können. Die Ausbildung im Schutzdienst besteht zum überwiegenden Teil darin, daß die Hunde mit beißsicherem Maulkorb am ungeschützten Helfer in Zivilkleidung arbeiten müssen. Hierbei entfällt die Prägung auf bestimmte Sachen wie Hetzanzug bzw. Hetzärmel. Der Hund ist sicherlich durch den Maulkorb gehemmt, versucht aber trotzdem zu beißen. Er sucht sich dann irgendwelche ihm geeignet erscheinende Körperpartien aus.

Die Erfahrung lehrt, daß nach dieser Methode ausgebildete Diensthunde in der Praxis nicht versagen. Und das ist auch der große Unterschied zwischen einem Sporthund, der überwiegend durch Hetzärmel und Übungsplatz geprägt ist, und einer praxisbezogenen Ausbildung eines Diensthundes. Etwa 95 % der in der Bundesrepublik Deutschland eingesetzten Diensthunde sind Deutsche Schäferhunde.

Aus der Praxis – für die Praxis

„Blacky“ biß zu! Polizeidiensthund Blacky und ein Zivilfahnder haben eine heiße Nacht hinter sich, sie erwischten im Supermarkt X drei Einbrecher. Einen biß Blacky in den Po, einen zweiten stoppte der Hundeführer mit einem Warnschuß, er wollte mit einem Beil auf den Zivilfahnder losgehen. Der dritte konnte flüchten. Nach Fährtenarbeit holte ihn die Kripo aus dem Bett.

Der Fährtenhund

Unser Hund ist ein „Nasentier“, denn sein Hauptsinn ist die Nase; sie ist eine Meisterleistung der Natur. Was der Hund nicht berochen hat, das glaubt er nicht. Demgegenüber ist der Mensch ein Augengeschöpf, und was er nicht gesehen hat, das glaubt er nicht! Ein Vergleich zum Überlegen und Nachdenken!

Und was sagt die Wissenschaft zur Hundenase? Uns Praktikern hat Prof. Dr. Neuhaus, der bekannte Zoologe der Universität Hamburg, in immer wieder interessanten Arbeiten und Aufzeichnungen die Augen geöffnet. Über die Riechfähigkeit und Fährtenarbeit des Hundes schreibt er u. a.:

„Es ist allbekannt, daß der Hund besser riechen kann als der Mensch. Die Voraussetzungen hierzu müssen in dem Bau der Nase liegen. Der

Hund zählt zu den großnasigen Säugetieren (Makrosmaten), während der Mensch kleinnasig (mikrosmatisch) ist.

Nach dem Zahlenverhältnis der Riechzellen könnte man eine etwa 20- bis 30fach bessere Riechfähigkeit des Hundes gegenüber dem Menschen erwarten. Diese Annahme ist jedoch unzutreffend, wie genaue Prüfungen ergaben: Der Hund nimmt Buttersäure in etwa millionenfach geringerer Konzentration wahr als der Mensch; bei Essigsäure ist der Unterschiedsfaktor 100 Millionen.“ Dies mag genügen!

Folgende Aufstellung macht den Unterschied deutlich:

	Nase des Menschen	Nase des Hundes
Innenrelief	einfach, mit 3 Muscheln	verwickelt, mit vielen Muscheln
Fläche des riechempfindlichen Bereichs	etwa 5 cm^2 rechts und links	Deutscher Schäferhund: 150 cm^2 rechts und links
Zahl der Riechempfänger (Riechzellen)	etwa 8 Millionen	Deutscher Schäferhund: etwa 225 Millionen

Wie sucht der Hund?

Die Frage, wie der Hund überhaupt sucht, dürfte interessant sein. Der Hund muß, um „lesen“ zu können, laufend Luft in die Nase aufnehmen und wieder ausstoßen. Er muß also, wie man so schön sagt, schnüffeln. Er muß es, weil Riechstoffe von ihm nur wahrgenommen werden können, wenn diese über das Riechfeld seiner Nase streichen, also in Bewegung sind. Jeder kann sich von diesen Angaben überzeugen. Halten wir ein Fläschchen Parfüm vor unsere Nase und stellen wir die Atmung durch die Nase ein, werden wir das Parfüm nicht mehr riechen, obwohl die Riechstoffe des Parfüms in der Nase sind. Erst wenn die Luft in Bewegung gebracht ist, also eingeatmet wird, kommen die Geruchskomponenten wieder zum Vorschein.

Der eigentliche Suchvorgang beim Hund ist wie folgt: Luft wird ausgestoßen, das gewollt Gesuchte wird mit der ausgestoßenen Luft leicht angefeuchtet – dadurch werden evtl. Riechstoffe noch zusätzlich freigelegt –, die ausgestoßene Luft wird mit neuer Luft und den neuen Riechstoffen angereichert und vom Hund wieder eingeatmet. Diese angereicherte Luft streicht über das Riechfeld der Nase.

Jetzt entstehen im Gehirn des Hundes Ideenverbindungen. Diese Ideenverbindungen stellt der Hund auf der Fährte bei jedem Abdruck her. Das enorme Geruchserinnerungsvermögen des Hundes ist ja allgemein bekannt. Daß dieses intensive Schnüffeln für den Hund sehr anstrengend ist, zumal die angesaugte Luft noch erwärmt wird, leuchtet ein. Nasenarbeit auf älteren oder gar alten Spuren ist mithin für den Hund Schwerstarbeit.

Was sucht der Fährtenhund? Was ist eine Fährte?

Eine Fährte ist eine Verletzung der Erdoberfläche. Durch das Begehen des Erdreiches infolge der Schritte des Fährtenlegenden, sei es Mensch oder Tier, kommt die Oberfläche des Geländes in Bewegung und wird verletzt. So wird z. B. durch das Zutreten in Verbindung mit dem Gewichtsdruck des Körpers mehr oder weniger die Gras(-narbe) zertreten. Gräser, Kräuter, Kleingetier wie Käfer, Würmer und selbst mikroskopisch kleine Lebewesen werden verletzt, zertreten und erfahren eine geruchliche Umwandlung ihrer Substanz. Diese geruchliche Umwandlung unterscheidet sich wesentlich von der der unverletzten Umgebung.

Fährtenleitend für den Hund ist geruchlich also nicht, wie irrtümlich oft angenommen wird, der Schweiß- oder Eigengeruch des Menschen, sondern:

a. die Verletzung des lebenden – mit Mikroben und Kleinstlebewesen (Bakterien) durchsetzten – Erdbodens,
b. die Verletzungen des Pflanzenwuchses,
c. Abnutzung des Schuhzeuges (Leder, Lederpflegemittel),
d. besonders stark riechende Fremdstoffe (Öle, Kot, Sägemehl, Düngermittel, Blut).

Voraussetzung für einen erfolgversprechenden Erfolg ist immer ein guter Abgang und Täterweg auf fährtenfähigem Untergrund. Künstlich geschaffener Untergrund ist nicht fährtenfähig.

Der Fährtenhund bei der Behörde ist ein polizeiliches Hilfsmittel. Er soll durch seinen ausgeprägten feinen Geruchssinn Hinweise geben, wohin sich der Täter vom Tatort aus bewegt und was er möglicherweise unterwegs verloren bzw. fortgeworfen hat. Daraus wird verständlich, daß die Einsatzmöglichkeiten in den letzten Jahren erheblich zurückgegangen sind und nur im Einzelfall Fährtenhunde ausgebildet und vorgehalten werden.

Anders im Hundesport, dort werden immer mehr Fährtenhunde ausgebildet und geführt. Gut so! Leider kann man bei der Fährtenhundausbildung in freier Landschaft mit den berechtigten Interessen der Jäger in Konflikt kommen. Deshalb ist es ratsam, vor der Arbeit vorbereitend mit dem zuständigen Jäger Verbindung aufzunehmen. Fährtenarbeit mit am Riemen geführtem oder unter Aufsicht freisuchendem Hund berührt seine Interessen nicht wesentlich. Für gute Fährtenhundausbildung muß, wie schon beschrieben, fährtenfähiges Gelände vorhanden sein.

Die Spezialisten im Dienst der Behörde

Der Fährtenhund – der Rauschgiftsuchhund – der Sprengstoffsuchhund
Bei den Behörden werden seit einigen Jahren auch Rauschgiftsuchhunde – Drogensuchhunde – ausgebildet. Dies wurde erforderlich, weil die illegale Einfuhr und der Handel mit Drogen in den letzten Jahren stark zugenommen haben. Der Drogensuchhund soll die Fahndung der Behörden nach Rauschgifttätern und -händlern erleichtern und wirksamer gestalten.

Meine Erfahrungen haben gezeigt, daß gut veranlagte Hunde verhältnismäßig leicht auf Drogen ansprechen, wenn, ja wenn, zusätzlich ein sehr gutes Führer-Hund-Verhältnis vorhanden ist.

Gerade bei den „Spezialisten" hängt der Erfolg entschieden davon ab, wie der Hundeführer es versteht, die triebhafte Suchfreudigkeit seines Hundes optimal zu fördern und möglichst lange aufrechtzuerhalten. Die teilweise verbreitete Meinung, der Drogensuchhund sei „süchtig", ist natürlich unzutreffend.

Während der Ausbildung zum Drogensuchhund muß der Hund, genau wie bei anderen Übungen, lernen, Zusammenhänge im Gedächtnis zu speichern. Diesbezüglich kann man das Gehirn des Hundes mit der Speicherfähigkeit eines Computers vergleichen, d. h., im Gehirn werden bestimmte „Drogengerüche" gespeichert; findet der Hund diese Gerüche und markiert sie, so wird er viel gelobt und bekommt einen Leckerbissen. Da der Hund immer bestrebt ist, seinen Vorteil zu wahren, wird „Drogenfinden" bei ihm sehr schnell mit dem angenehmen Loben und dem Leckerbissen verknüpft . . . und man hat das Ausbildungsziel erreicht.

Mit Bedacht sagte ich, daß der gut veranlagte Hund verhältnismäßig schnell zum Drogensuchhund ausgebildet werden kann. Das Aussuchen gut veranlagter Hunde ist jedoch eine große Kunst! Zunächst müssen gute Veranlagung und vor allen Dingen die Ausdauer laufend gefördert werden, denn „Nasenarbeit" ist für den Hund Schwerstarbeit. Diese Nasenarbeit der Spezialisten setzt einen voll ausgereiften und gut genährten Hund voraus.

Die Nasenleistung des Hundes muß durch Training gesteigert werden. Bekannt war, daß die Geruchskomponenten der Fährte des Menschen und die der Drogen verschieden sind, folglich habe ich zwecks Training des intensiven Schnüffelns Hunde an Drogen und auf der Fährte arbeiten lassen. Die Fährtenarbeit war praktisch als Nasentraining gedacht.

Da alle Hunde ohne Schwierigkeiten sowohl Fährten hielten als auch Drogen suchten, wurden alle Drogensuchhunde gleichzeitig als Fährtenhunde ausgebildet. Mehrere Diensthunde bestanden dann die Fährten-

Drogensuchhund Arry mit seinem Führer, POM Fittkau, im Einsatz

hundprüfung. Daher befinden sich bei der Polizei in Schleswig-Holstein noch geprüfte Fährtenhunde, obwohl kaum benötigt.

Mit der Ausbildung von Drogensuchhunden gaben sich die Behörden nicht zufrieden. Die Diensthunde sollten noch andere spezielle Aufgaben lösen, und die Bevölkerung horchte auf, als das Land Hamburg fünf Sprengstoffsuchhunde der Presse vorstellte: drei Deutsche Schäferhunde und zwei Riesenschnauzer.

Inzwischen haben andere Behörden ebenfalls Sprengstoffsuchhunde ausgebildet. Die Schwierigkeiten bei dieser Ausbildung ist die Gefährlichkeit des Umganges mit Sprengstoff. Der Suchhund soll nach Lokalisierung des Sprengstoffes sich selbständig in Richtung Sprengstoff legen bzw. setzen. Er darf unter keinen Umständen das Sprengstoffpaket mit der Nase berühren.

Dieses „Nichtberühren“ läuft der natürlichen Interessenwelt des Hundes zuwider. Als Nasentier will er möglichst dicht an das „Objekt“ heran, er will ja möglichst viele Riechstoffe einatmen. Jetzt, mit einem Mal, muß er etwa 10 cm vor dem „Objekt“ haltmachen. Eine dem Wesen des Hundes zuwiderlaufende Bedingung.

Während der Ausbildung dieser „Spezialisten“ stellte ich immer wieder fest, daß die spezifischen Gerüche der Drogen und Sprengstoffe von anderen Mischgerüchen nicht überlagert werden. Das bedeutet: Die Spezialisten suchen entsprechend ihrer Ausbildung Drogen bzw. Sprengstoffe

Der Diensthund hat Sprengstoff wahrgenommen . . .

auch bei Überlagerung von Fremdgerüchen. Mit dem Unterscheiden von menschlicher Fährte, Drogen und Sprengstoff ist der Hund überfordert; auch ist die Methode bei der Ausbildung zum Drogensuchhund eine ganz andere als bei der zum Sprengstoffsuchhund. Es ist also zu entscheiden, ob ein Hund als Spezialist zum Fährten- und Drogensuchhund (Haschisch – Heroin – Kokain – Mischgerüche) oder zum Fährten- und Sprengstoffsuchhund ausgebildet und eingesetzt werden soll.

Abschließend sei noch einmal festgehalten, daß bei der Ausbildung, ob zum Drogen-, Sprengstoff- oder Fährtenhund das hoch entwickelte Erinnerungsvermögen des Hundes ausgenutzt wird.

Und schließlich wissen wir, daß die Hundenase, ein Wunderwerk der Natur, einfach unschlagbar ist. Der Hund speichert in seinem Gehirn die mit den verschiedenen Geruchskomponenten verbundenen Annehmlichkeiten (Lob, Leckerbissen).

Der Diensthund darf nicht zum Sprengstoff, für den Hund unnatürlich, da viel zu gefährlich. Er hat sich davor zu setzen und zu verweisen

Als Beispiel sei angeführt, daß ein ausgebildeter Drogensuchhund, der ein Jahr und länger nicht mehr mit der Droge in Berührung gekommen ist, diese Geruchskomponente trotzdem noch „abrufbereit" gespeichert hat, und bei einem Einsatz, der ihn mit dieser Droge in Berührung bringt, sofort wie gehabt reagiert und den Fund anzeigt . . . weil er gelobt werden und einen Leckerbissen haben will. Unser Hund ist und bleibt ein absoluter Egoist! Und wir können uns mit Geschick diese Uranlage zunutze machen.

So – und nicht anders werden die Spezialisten ausgebildet.

Leichensuchhunde

Alle Hunde wären aufgrund ihrer natürlichen Veranlagung und ihres Geruchssinnes in der Lage, Leichengeruch in den verschiedensten Verwesungsstadien wahrzunehmen und anzuzeigen. Nur – nicht ausgebildete Hunde zeigen bei der Wahrnehmung von Leichengeruch keine auffällige Veränderung ihres Verhaltens. Der Hund muß also das „Anzeigen“ lernen, und eine Spezialausbildung ist auch hier erforderlich.

Leichensuchhunde werden zum Auffinden von verscharrten, vergrabenen, versteckten, verschütteten oder sonstwie bedeckten Leichen bzw. Leichenteilen eingesetzt. Es ist auch möglich, mit einem gut ausgebildeten Leichensuchhund gezielt nach Leichen zu suchen. Die Erfahrung hat gezeigt, daß selbst die Suche nach vergrabenen oder einbetonierten Leichen/Leichenteilen möglich und erfolgversprechend ist. Sogar Verstecke in Stallmist oder bis zu 20 cm unter der Oberfläche leicht fließender Gewässer konnten die Leichensuchhunde noch orten.

Der Einsatzwert eines Leichensuchhundes ist nicht nur im Zusammenhang mit einem Tötungsdelikt zu sehen. Auch bei Naturkatastrophen sind sie zur sogenannten „Flächensuche“ eine wertvolle Hilfe.

Aus der Praxis – Für die Praxis

Über eine Woche gegraben! Allerdings dauerte es mehr als eine Woche, ehe die Tote gefunden war. Bis in Tiefen von acht bis zehn Metern drang der Bagger vor, der das hier deponierte Material vorsichtig aushob. Am Dienstag dieser Woche war dann nochmals ein Leichensuchhund im Einsatz, der führte die Ermittler direkt zu der Toten. Sie lag fünf Meter tief unter der Bodenoberfläche. Da an dieser Stelle das aufgefüllte Material nicht so stark verdichtet war, konnte durch die kleinen Zwischenräume der Verwesungsgeruch an die Oberfläche dringen. Dieser nur in geringer Konzentration vorhandene Geruch reichte dem Hund aus, die Leiche auch im tieferen Boden auszumachen.

Memoiren von Diensthunden

„Sei froh, daß Du einen Köter hast..."

Axel, Bur, Benno und Akbar sind nicht die schlechtesten ihrer Rasse, denn zehn Jahre lang haben sie sich für Recht und Gesetz sozusagen die Pfoten abgelaufen, immer im Dienst für die Menschen und niemals murrend, denn es gibt keine Gewerkschaft für Diensthunde der Behörden. Und nun sind sie über zehn Jahre alt, haben also das Pensionsalter erreicht. Es fällt ihnen nicht mehr so leicht, täglich die vielen Aufgaben eines Diensthundes zu erfüllen.

Nur – Pensionen für Diensthunde zahlt Vater Staat nicht. Viele Diensthunde bekommen von ihren Besitzern das Gnadenbrot, doch leider werden auch einige, wenn sie nicht mehr voll einsatzfähig sind, abgeschafft. Nicht alle Menschen können dankbar sein!

Wären Axel, Bur, Benno und Akbar zweibeinige Beamte, sie würden Krach schlagen, daß die Wände wackelten. Aber sie sind Hunde und haben das Vertrauen zu den Menschen noch nicht verloren. Sie könnten denken – wenn sie menschlich denken könnten –, einer wird die Sache schon für uns regeln, so wie wir für die Menschen in unserer langen Lebenszeit so manches geregelt haben. Immer dann, wenn die klugen Menschen sich verlegen hinter dem Ohr kratzten und auf der Fährte nicht mehr weiter wußten. Hoffentlich denken viele Menschen wirklich so!

Könnten doch die alten Diensthunde ihre Memoiren schreiben! In ihnen würde mehr stehen als in den Memoiren gekrönter Filmlieblinge. War doch fast jeden Tag was los! Es ist aber leider eine Tatsache, daß 999 gute Taten von Diensthunden nie erwähnt werden. Wohl aber die eine, die nicht so gelang, wie es sein sollte, und dann meistens noch bedingt durch das Versagen des Menschen. Einige gute Taten möchte ich aufzeichnen und damit für die Nachwelt festhalten!

Erst vor ein paar Monaten hatte Axel wieder so einen Fall: Mein Herr hatte einen ganz üblen Burschen festgenommen, der nicht mit zur Wache kommen wollte. Er sagte, er würde meinen „Chef" kaltmachen, wenn er nicht sofort abhaue. Hier mußte ich doch eingreifen. Ich knurrte nur ein bißchen – und schon kam er mit. Doch plötzlich witschte er in einen Seitenweg. Herrchen sprang sofort mit gezogener Pistole vor ihn und befahl, er solle weiter zur Wache gehen. Aber der „Bursche" kümmerte sich nicht um das Schießding und ging stracks auf Herrchen los. Da klinkte dann mein „Chef“ die Leine los, ich brachte dem „Burschen“ ganz kurz und ohne langes Reden bei, wie sich ein Festgenommener zu verhalten hat. Er hat mich gut verstanden, denn nun stiefelte er los, als könne er es gar nicht abwarten, zur Wache zu kommen. Nur zu Herrchen sagte er noch: „Sei froh, daß Du den Köter hast. Ich hätte Dich sonst kaltgemacht!“ Die Bezeichnung „Köter“ überhörte ich, der Mann hatte offenbar keine Ausbildung genossen.

Bur v. Stoerstrudel würde einen Bericht etwa so abfassen: „Ich bin kein ausgebildeter Polizeidiensthund, sondern wurde mit viel Fleiß und Mühe von meinem Herrn auf einem SV-Platz in Neumünster ausgebildet. Meine Spezialität war die Fährtenarbeit. Mein Können hatte sich sehr schnell herumgesprochen. Auch die zuständige Polizei hörte davon. Und so kam es, daß ich ab und zu auch den klugen Polizisten in Neumünster helfen mußte, weil sie selber keinen Fährtenhund besaßen. Da habe ich mal einen an Schwermut leidenden Bürger der Stadt gefunden. Die Menschen hatten schon vergeblich gesucht, und als letztes Mittel sollte meine Nase helfen. Ich konnte Witterung an einer Spur nehmen, die bereits sechs Stunden alt war. Ich mußte schwer arbeiten, und mit tiefer Nase suchte ich durch einen Chausseegraben am inneren Teil eines Waldes entlang, bog dann scharf nach links und durchquerte den Wald auf etwa 3 km bis zu einer Schneise. Weiter durch ein Waldstück suchend zum nächsten Weg. Im spitzen Winkel bog ich dann nach links und suchte in dieser Richtung weitere 2 km. Plötzlich war ich in der Nähe des Vermißten! Durch meine Ohren- und Rutenhaltung wurde es meinem Herrn klar, daß wir unmittelbar vor dem Ziel waren. Außerdem war das Gelände hier dicht bewachsen, und mein Herr hätte nicht folgen können. Ich wurde von der Fährtenleine abgeschnallt und zum Stöbern in den dichten Wald geschickt. Nach ganz kurzer Zeit fand ich den blutenden und besinnungslosen Vermißten. Jetzt brauchte ich nur noch zu bellen, um die Menschen zu rufen. Der Vermißte wurde ins Krankenhaus eingeliefert und konnte gerettet werden. Die von mir ausgearbeitete Fährte war etwa 7 km lang und etwa sechs bis sieben Stunden alt. Angesetzt wurde ich gegen 21.30 Uhr. Das Wetter war kühl und trocken.“

Organisation des Hundewesens

Fédération Cynologique Internationale (FCI)

Die Weltorganisation FCI wurde 1919 gegründet und hat heute 65 Länder als Mitglieder, auf alle fünf Kontinente verteilt. Die wichtigsten Ziele dieser Organisation sind Förderung der Zucht, gegenseitige Anerkennung der Zuchtbücher und Abstammungsurkunden, internationale Verwaltung der Rassestandards und internationaler Zuchtzwingerschutz.

Weiter koordiniert sie internationale Anlässe, erläßt Reglements für das Ausstellungs- und Prüfungswesen. Für die „Internationale Prüfungsordnung" zeichnet die FCI verantwortlich, der Sitz ist in Belgien.

Verband für das Deutsche Hundewesen e. V. (VDH)

Der Verband für das Deutsche Hundewesen e. V. (VDH) ist der nationale Dachverband für das Hundewesen in der Bundesrepublik Deutschland. Ihm gehören als ordentliche Mitglieder mehr als 130 Rassehunde-Zuchtvereine und Hundesportverbände an, als außerordentliches Mitglied der Jagdgebrauchshundverband. Einzelpersonen können nicht Mitglied werden. Diese dem VDH angeschlossenen Vereine betreuen rund 800 000 Mitglieder in Deutschland, womit der VDH größtes föderiertes Mitglied des Weltverbandes, der Fédération Cynologique Internationale (FCI), ist. Es gibt inzwischen etwa 350 von der FCI anerkannte Hunderassen, für die jeweils ein Standard hinterlegt ist. 210 Rassen sind davon in der Bundesrepublik vertreten; für 59 Rassen und Varietäten ist Deutschland Ursprungsland.

Deutsche Rassen sind insbesondere im Gebrauchshundewesen führend. Jährlich werden etwa 120 000 Welpen in die Zuchtbücher des VDH eingetragen. Verschiedene Prüfungen (Untersuchungen) der Zuchttiere vor der Zuchtverwendung, Wurfkontrollen und Wurfabnahmen durch geschulte Zuchtwarte vor der Abgabe der Welpen zeichnen das VDH-Zuchtwesen aus. Nur im VDH gezüchtete Hunde erhalten Ahnentafeln mit besonderem Emblem.

Beim Hundekauf sollten Sie sich vergewissern, daß der Züchter Mitglied eines Rassehunde-Vereins ist, der dem VDH angeschlossen ist, und daß auf der Ahnentafel das VDH- und FCI-Symbol steht.

Arbeitsgemeinschaft der Zuchtvereine (der Gebrauchshunderassen) und der Gebrauchshundeverbände (AZG)

Die AZG ist eine in sich selbständige Untergliederung des VDH. Die Weltgeltung des deutschen Gebrauchshundewesens kommt nicht von ungefähr. Sie ist das Ergebnis einer konsequent leistungsorientierten Zucht, der sich die deutschen Rassehundezuchtvereine von Anbeginn verschrieben haben. Hinzu kommt das umfassende Ausbildungsangebot des Deutschen Hundesportverbandes und seiner Vorgänger.

Schon zu Zeiten des Kartells zu Beginn dieses Jahrhunderts erfolgte eine intensive Förderung des Gebrauchshundewesens durch die betreffenden Zuchtvereine, die im Prüfungsverband der Zuchtvereine (PVZ) zusammengeschlossen waren, und durch die Gebrauchshundeverbände. Um diese Förderung so effektiv wie möglich zu gestalten, wurde 1956 im VDH die „Arbeitsgemeinschaft der Zuchtvereine (der Gebrauchshunderassen) und Gebrauchshundeverbände (AZG) gegründet.

Anschriften, die Sie kennen sollten

Fédération Cynologique
Internationale (FCI)
14, rue Leopold II
B-6530 Thuin

Verband für das Deutsche
Hundewesen e.V. (VDH)
Postfach 1041 54
W-4600 Dortmund

Verantwortlich für Zucht, Ausbildung und Sport mit dem Hund

SV
Verein für Deutsche
Schäferhunde
Steinerne Furt 71
W-8900 Augsburg

BK
Boxer-Klub e.V.
Veldener Straße 64–66
W-8000 München 60

IBC
Internationaler Boxer-Club
Steinkuhle 20
W-4330 Mülheim/Ruhr

ADRK
Allgemeiner Deutscher
Rottweiler Klub e.V.
Rintelner Straße 385
W-4952 Porta Westfalica 4

KFT
Klub für Terrier e.V.
Postfach 1146
W-6092 Kelsterbach/Main

PSK
Pinscher-Schnauzer-Klub e.V.
Behringstraße 26
W-5110 Alsdorf

DV
Dobermann-Verein e.V.
Otto-Hahn-Str. 16
W-8060 Dachau bei München

Rassezuchtverein für
Hovawart Hunde e.V.
Am Lagerberg 1
W-2740 Bremervörde

Bouvierfreunde e.V.
Natt 10
W-4054 Nettetal-Breyell

DBC
Deutscher Bouvier-Club v. 1977
Stapelhorststraße 1
W-4300 Essen 12

Klub für Bouvier des Flandres e.V.
Bückenweg 33
W-4620 Castrop-Rauxel

Verantwortlich für Ausbildung und Sport mit dem Hund

DHV – Deutscher Hundesportverband e.V.

DVG
Deutscher Verband der Gebrauchshundesportvereine e.V.
Hauptgeschäftsstelle
Gustav-Sybrecht-Straße 42
W-4670 Lünen 6

SWHV
Südwestdeutscher Hundesportverband e.V.
Geranienstraße 8
W-7069 Berglen 3

HSVRM
Hundesportverband Rhein-Main e.V.
Kreuzstraße 55
W-6108 Weiterstadt

BLV
Bayerischer Landesverband für Hundesport e.V.
Neumarkter Straße 2a
W-8000 München 80

DSV
Deutscher Sporthund Verband e.V.
Canisiusstraße 14a
W-4150 Krefeld 1

BVH
Berliner Verband der Hundesportvereine e.V.
Rheingaustraße 12
W-1000 Berlin 41

Literatur

EIRUND, G., 1991:	Bouvier des Flandres. 2. Auflage
NEUHAUS, W.:	Die Riechfähigkeit des Hundes.
SEIFERLE, E.:	Der Bewegungsablauf des Hundes. (Abhandlung nach Vortrag anl. des kynologischen Weltkongresses 1956 in Dortmund)
Boxer-Klub e. V.:	Rassekennzeichen und allgemeine Hinweise.
Deutscher Bouvier-Club v. 1977:	Rassekennzeichen.
Dobermann-Verein e. V.:	Rassekennzeichen.
Rassezuchtverein für Hovawart Hunde e. V.:	Rassekennzeichen und allgemeine Hinweise.
Rottweiler Klub e. V.:	Rassekennzeichen und allgemeine Hinweise.
Verein für Deutsche Schäferhunde e. V.:	Rassekennzeichen und allgemeine Hinweise. Hüteordnung für SV-Leistungshüten.
Klub für Terrier e. V.:	Rassekennzeichen und allgemeine Hinweise.
Verband für das Deutsche Hundewesen (VDH):	Prüfungsordnung mit Ausführungsbestimmungen.

Weiterführende Literatur aus dem Verlag Paul Parey, Hamburg und Berlin

BEYERSDORF, P., 1981:	Dein Hund auf Ausstellungen.
VON BARDELEBEN, C., 1990:	Airedaleterrier. 4. Auflage.
BLASIUS, H., 1988:	Der Hovawart.
BLUDAU, R., 1989:	Der Riesenschnauzer.
BREHM, P., 1980:	Dein Hund im Recht.
BREHM, P., 1989:	Der Deutsche Schäferhund. 6. Auflage.
BURTZIK, P., 1984:	Erziehung und Ausbildung des Hundes. 3. Auflage.
EIRUND, G., 1991:	Bouvier des Flandres. 2. Auflage.
FIEDELMEIER, L., 1983:	Kauf, Pflege und Fütterung des Hundes. 3. Auflage.
HELBIG, L., 1978:	Der Welpe. 2. Auflage.
KOBER, U., 1981:	Pareys Hundebuch.
POORTVLIET, R., 1987:	Mein Hundebuch. 2. Auflage.
QUEDNAU, F., 1987:	Rechtskunde für Hundehalter.
RAISER, H., 1981:	Der Schutzhund. 2. Auflage.

Schlag, M., 1987:	Schutzhundprüfung.
Schmidtke, H.-O., 1984:	Gesundheitsfibel für Hunde. 2. Auflage.
Volkmann, H., 1989:	Der Boxer. 6. Auflage.
Weidt, H., 1989:	Der Hund, mit dem wir leben: Verhalten und Wesen.
Wiblishauser, H., 1990:	Der Dobermann. 4. Auflage.

BERNINA

sicher und zuverlässig hat alles für Ihren Hund

Umweltfreundliche Sprays
ohne Treibgas

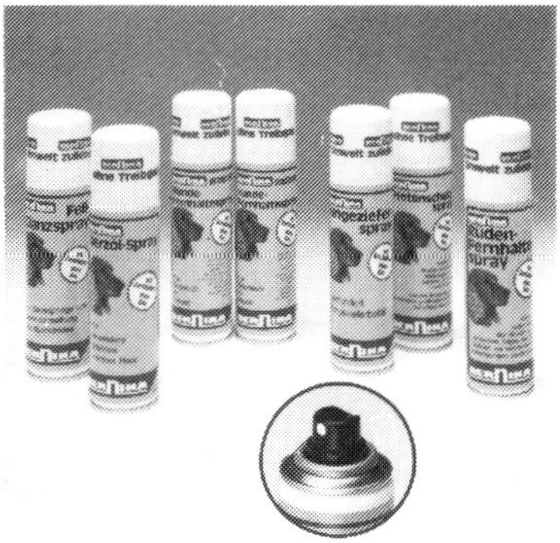

Dog-fish
mit lebenswichtigem
Eiweiß –
nicht fettbildend

Pflegebürsten mit
Messing- und
Perlonborsten

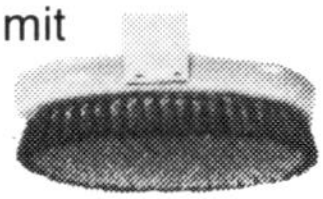

Verchromte
Kettenwürger
mit Zugkette

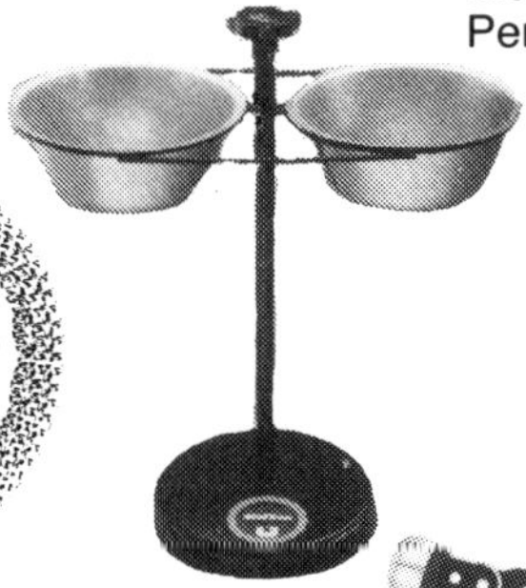

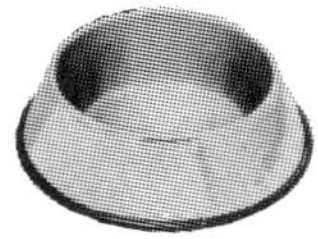

Lederwaren aus eigener
Herstellung für alle
Hunderassen

Erhältlich in guten Fachgeschäften.

Nachweis durch:
Wilh. Naumann GmbH · Postfach 2054 · 5860 Iserlohn

BERNINA

Bildnachweis

Titelbild	Eva Maria Vogeler/Okapia, Frankfurt
Seite 15	D. Zange, Reinfeld
Seite 19	W. Schicker, Melsungen
Seite 28	H. Korth, Kiel
Seite 37	P. Tautz, Köln
Seiten 41, 63, 67, 80, 88, 89	R. Gäde, Malente
Seite 43	Johann Dachauer, Tattendorf/Österreich
Seite 45	Eckebrecht von Bardeleben, Ahlen
Seite 48	P. Schröter, Groß Sarau
Seite 51	L. Klinkhammer, Sandhatten/Oldenburg
Seite 54	H. Wiblishauser, München
Seite 58	Rassezuchtverein für Hovawarthunde e. V.
Seite 59	K. Falk, Oberhausen
Seite 61	G. Eirund, Heinsberg
Seite 64	H. Gruber, Oetisheim
Seite 73	H. Wölfelschneider, Wiesenbach
Seiten 74, 75	SV Augsburg
Seite 87	G. Fröhlich, Neumünster

Alle übrigen Abbildungen stammen vom Verfasser.